차별없이 베푸시는 하나님의 선물

헤르만 바빙크의
일반은총

다함
도서출판 은

1. 다윗과 아브라함의 자손

아브라함과 다윗의 자손으로, 하나님 구원의 언약 안에 있는 택함 받은 하나님 나라 백성을 뜻합니다.

2. 마음과 뜻과 힘을 다하여 하나님을 사랑하라

구약의 언약 백성 이스라엘에게 주신 명령(신 6:5)을 인용하여 예수님이 가르쳐 주신 새 계명
(마 22:37, 막 12:30, 눅 10:27)대로 마음과 뜻과 힘을 다해 하나님을 사랑하겠노라는 결단과 고백입니다.

사명선언문

1. 성경을 영원불변하고 정확무오한 하나님의 말씀으로 믿으며, 모든 것의 기준이 되는 유일한 진리로 인정하겠습니다.
2. 수천 년 주님의 교회의 역사 가운데 찬란하게 드러난 하나님의 한결같은 다스림과 빛나는 영광을 드러내겠습니다.
3. 교회에 유익이 되고 성도에 덕을 끼치기 위해, 거룩한 진리를 사랑과 겸손에 담아 말하겠습니다.
4. 하나님 앞에서 부끄럽지 않도록 항상 정직하고 성실하겠습니다.

헤르만 바빙크의 일반은총

- 차별없이 베푸시는 하나님의 선물 -

초판 1쇄 인쇄 2021년 10월 1일
초판 1쇄 발행 2021년 10월 20일
초판 2쇄 발행 2025년 6월 2일

지 은 이   헤르만 바빙크
옮 긴 이   박하림
감수 및 해설 우병훈

책임편집 황희상
펴 낸 이 이웅석
펴 낸 곳 도서출판 다함
등   록 제2018-000005호
주   소 경기도 군포시 산본로 323번길 20-33, 701-3호(산본동, 대원프라자빌딩)
전   화 031-391-2137
팩   스 050-7593-3175
블 로 그 https://blog.naver.com/dahambooks
이 메 일 dahambooks@gmail.com

디 자 인 디자인집(02-521-1474)

ISBN 979-11-90584-30-2(04230) | 979-11-90584-00-5(세트)

차별없이 베푸시는 하나님의 선물

헤르만 바빙크의

일반은총

De Algemeene Genade

다함
도서출판

목차

추천사

01.

헤르만 바빙크는 '균형의 신학자'입니다. 바빙크는 좌우로 쉽게 치우치지 않고 언제나 성경 계시에 근거해서 신학적 균형을 맞추려 노력합니다. 『헤르만 바빙크의 일반은총』도 마찬가지입니다. 깜픈 신학교 교장 이임 특강인 「일반은총」과 이후에 쓴 소논문인 "칼뱅과 일반은총"의 묶음집인 본서를 통해 바빙크는 창조와 재창조, 일반은총과 특별은총, 일반계시와 특별계시 사이에 존재하는 신학적 불균형을 최소화하는 작업을 설득력 있게 하고 있습니다.

만약 일반은총만 강조된다면 자연주의, 합리주의, 인간론적 낙관주의, 공로주의에 잔뜩 함몰되어 인간 때문에 하나님의 거룩한 자리가 철저히 침해받게 될 것입니다. 반대로 특별은총만 강조된다면 온갖 형태의 신비주의, 초자연주의, 신령주의가 난무하게 되어 인간이 응당 서 있어야 할 소중한 자리가 낱낱이 거세당하고 말 것입니다. 바빙크는 이런 극단적인 사상들이 가진 불균형 지점들을 '일반은총'에 대한 바른 이해를 통해 교정해주고 있습니다.

아브라함 카이퍼의 『일반 은혜』와 더불어 본서를 읽는다면 일반은총에 대한 훨씬 더 풍성하고도 균형 잡힌 이해가 가능하리라 확신합니다. 일반은총은 '모든 사람에게 미치는 하나님의 보편적 선하심'입니다. 그러므로 이 책은 신자들뿐만 아니라 불신자들에게도 반드시 필요한 책입니다. 신자든 불신자든 막론하고 우리 모두는 하나님의 보편적 선하심이 시시때때로 간절히 필요한 사람들이기 때문입니다. 하나님의 보편적 선하심을 제대로 느끼고 싶은 분이라면 이 책만큼 좋은 책은 절대 없습니다.

- 박재은 교수 (총신대학교 신학대학원, 조직신학)

02.

『헤르만 바빙크의 일반은총』이 새롭게 번역되어 출간된 것을 기쁘게 생각합니다. 그가 개혁신학적 관점에서 어떻게 자연을 이해했는가를 보여주는 이 단행본은 약 42년 전인 1979년에 〈一般恩寵論: 경계해야 할 自然主義와 超自然主義〉라는 제목으로 총신대학교 교수로 사역했던 차영배 박사에 의해 번역 출판되었습니다.

일반은총이라는 주제는 16세기 종교개혁자 칼뱅에 의해서 새롭게 제공되었던 교리적 주제인데, 바빙크는 칼뱅의 견해에 충실하면서도 신칼빈주의적 입장에서 자신의 견해를 독특하게 전개합니다. 동시대에 네덜란드에서 자유대학교를 설립했으며 수상까지 역임했던 아브라함 카이퍼(Abraham Kuyper)가 집필했던 『일반 은총론』(De gemeene gratie, 1902-1905)은 전 3권으로 구성된 대작에 해당됩니다. 이와 달리 바빙크는 이 주제로 단행

본을 남기지는 않았지만, 두 편의 아티클의 편집본인 이 작품을 통해서 일반은총에 대한 그의 신칼빈주의적 입장을 간결하면서도 분명하게 파악할 수 있게 되었습니다.

개혁신학을 추구하는 이 땅의 모든 이에게 자연주의에 대한 바빙크의 견해 뿐 아니라 당대 네덜란드 개혁신학의 진면목을 상대적으로 적은 분량의 지면을 통해서 맛볼 수 있는 즐거움을 제공하는 이 책을 기꺼이 추천합니다.

– 이신열 교수 (고신대학교 신학과, 교의학)

I

일반은총

Common
Grace

Ⅰ. 「일반은총」(Common Grace)의 원 번역자:
레이몬드 판 리우웬(Raymond C. Van Leeuwen)

「일반은총」은 레이몬드 판 리우웬이 영역하여
Calvin Theological Jounal(1989, 35-65p)에 기고한 원고를
원역자와 칼빈신학교 측의 허락을 받아 한역했습니다.

헤르만 바빙크의 일반은총

Ⅰ. 일반은총[1]

개혁파 교회들이 영적인 아버지로 존경하는 제네바의 종교개혁
자가 있습니다. 대중의 상상 속에서 그는 엄숙하고 엄격한 인물이
자, 즐겁고 기쁜 일[빌 4:8]은 거절하고, 기껏해야 무심히 여기던 인
물입니다. 칼뱅은 자신을 부르신 하나님에 대한 온전한 헌신에서,
그 위풍당당한 성격에서, 거룩한 진지함에서, 불굴의 의지에서,
엄격한 권징에서, 경의와 존경심을 일으킵니다. 그러나 사랑과 애
정을 일으키지는 않는 듯합니다. 날선 코, 길고 얇은 수염, 재빠르
고 날카로운 눈, 명령하는 듯한 시선으로 날카롭게 특정되는 칼
뱅의 얼굴, 그리고 뼈와 힘줄만 남은 마른 체형은 그다지 매력적
이지 않으며 왠지 모를 경외감에 거리를 두게 됩니다. 그래서 칼뱅

---

1) 나는 초벌 번역에 자세한 주해를 주신 앨 월터스(Al Wolters) 교수에게 신세를 졌다. 소괄호
   안의 내용은 바빙크의 것이며, 대괄호로 된 의견이나 언급은 내 것이다. - R. C. Leeuwen.

은 흔히 자신이 받은 특별한 소명 외에는 어떤 식견도 기호도 없었다는 비난을 받습니다. 칼뱅에게 삶의 즐거움은 존재하지 않았습니다. 칼뱅은 편지에서 가정의 즐거움이나 고민을 언급하지 않았습니다. 자연의 아름다움은 칼뱅에게 아무런 감흥을 주지 못하고, 예술과 시와 음악도 그의 관심을 끌지 못하는 듯 합니다. 심지어 순수한 즐거움조차도 칼뱅의 눈에는 어느 정도 미심쩍어 보였습니다. 한 마디로, 칼뱅은 "슬픈 영혼이자 우울한 천재(Un esprit chagrin, un génie triste.)"였습니다.

이런 식의 비난은, 개혁파 신앙을 따르는 후손들에게도 가해져 왔습니다. 칼뱅의 정신은 모든 개혁파 교회에 그 흔적을 남겼습니다. 프랑스의 위그노파, 네덜란드의 칼빈주의자들, 영국의 청교도와 스코틀랜드의 장로교인 모두가 충성되고 열정적인 사람이라는 역사적 평가를 받습니다. 그러나 그들과 친밀히 지내는 사람은 별로 없었습니다. 그들의 얼굴과 성격의 완고함은 마음을 끌지 못했고, 그들의 태도와 방식은 고집이 세고 부드럽지 못했습니다. "엄격함"과 "음침함"이 칼빈주의자에 대한 별명이 되었습니다. 심지어 오늘날까지도, 소위 칼뱅을 따르는 고집 센 후손들에 대한 비난은 드문 것이 아닙니다.

이러한 통념을 생각해볼 때, 정작 칼뱅이 그의 신학 체계에 기독교의 다른 개념들과는 꽤나 다른 **자연적 삶**에 대해서도 별도의 자리를 할당하고 가치를 부여했다는 사실은 굉장히 놀라운 일입니다. 물론 종교개혁자로서 깊은 사명감을 가졌던 그였던지라, 일상적인 생활과 인간적인 측면에 대한 비중은 적을 수밖에 없었지만 말입니다. 또 다른 스타일인 루터의 경우, 삶을 기쁘게 보고 감사히 인정할 수 있는 기독교인으로서의 한 양상을 보여준 것은 루터 개인의 독특성이었습니다. 칼빈주의는 자신만이 유일한 진리이자 완전한 진리라고 주장하지는 않지만, 자연과 은혜의 관계에 있어서는 루터나 츠빙글리의 신학보다 더 정확하게, 그리고 깊이 있게 이해하고 있습니다. 일반은총에 대한 가르침에서도 칼뱅은 일반적이지 않게도 귀중한 원리를 밝혔습니다. 그러나 이 가르침은 이후 너무나도 자주 오해되거나 폄하되었습니다.

이제 일반은총에 대한 개혁파의 교리를 제가 한번 설명해 보겠습니다. 첫째, 그 원리가 성경에 얼마나 근거한 것인지를, 둘째, 로마 가톨릭의 체계에는 그 개념이 없다는 것을, 셋째, 이 원리는 종교개혁에서 – 특별히 칼뱅에게서 잘 발견된다는 것을, 끝으로, 이것은 오늘 우리에게 아직까지도 대단히 중요한 의미가 있다는 사실을 각각 말씀드리고자 합니다.[2]

---

2) 이 강의의 주제는 지난 교장직 이임 연설인 「기독교와 교회의 보편성」에서 발전된 생각과 연관해서 원리적으로 정당화하려고 선택되었다.

1. 일반은총의 원리는 성경에 근거한 것이다.

『개신교-개혁파 교회 교의학』[3]에서 슈바이처(Schweizer)는 행위 언약(foedus operum)과 은혜 언약(foedus gratiae) 사이의 도드라진 차이가 **계시의 개념**이 아니라 **은혜의 개념**에 있음을 올바로 지적했습니다. 물론 슈바이처는 이러한 개념을 너무 잘못된 방식으로 사용해버렸습니다. 그는 자연 종교와 행위 언약을, 그리고 초자연 종교와 은혜 언약을 **동일시**하면서, 자연 종교, 법적 종교, 도덕적 종교라는 세 발전 단계를 만들기까지 했습니다. 그러나 슈바이처의 첫 통찰은 유효했습니다. 계시는 심지어 타락보다 먼저 존재합니다. 창조 그 자체가 하나님의 최초의 풍성한 계시이며, 이후 모든 계시의 토대이고 시작입니다. 무죄의 상태(status integritatis) [의의 상태]에서 하나님과 인간의 관계는 인격적 관계로 묘사됩니다. 하나님께서 인간에게 말씀하시며(창 1:28-30), 그가 자연적 지식으로 알 수 없었던 계명을 주셨고(창 2:16), 돕는 베필인 여자를 친히 이끌어 주셨습니다(창 2:22).

행위 언약도 계시에 기초합니다. 이 언약은 하나님의 형상으

---

3) Heinrich Heppe, *Die Dogmatik der evangelisch-reformirten Kirche* (Elberfeld: R. L. Friderichs, 1861), 1, 103 f. Cf. Scholten, *Leer der Herv. Kerk*, 4e dr. I 304 v, Dr. I. van Dijk, Studiën, 1880 VI. le stuk bl. 11 v.

로 창조되었으나 종교의 가장 높은 형상에는 이르지 못한 인간이 갖는, 종교의 형태일 뿐입니다. 종교는 항상 그 기초와 관련해서 계시를 요구합니다. 즉, 계시 없는 종교는 없습니다. 실로 타락은 변화를 가져왔는데, 그러나 이 변화는 하나님께서 시작하신 것도 아니요, 자신을 드러내시기를 중단해서 생긴 일도 아닙니다. 계시는 계속되며, 하나님께서는 돌이키지 아니하십니다. 그분께서는 다시 인간을 찾으십니다. 그러나 곧 인간은 하나님의 음성을 두려워하여 그분의 면전에서 도망치고 맙니다(창 3:8-9). 죄책을 느끼는 양심은 인간을 하나님의 임재로부터 도망하게 합니다. 인간은 언약을 위반한 날에 죽음이라는 벌을 받을 것을 압니다(창 2:17).

계시는 계속되지만, 그 성격이 바뀌고, 담기는 내용물이 달라집니다. 이제 계시는 죽어야 마땅한 죄인에게 **은혜**의 계시로서 다가옵니다. 하나님께서는 언약을 위반했음에도 불구하고 인간을 부르시고, 그를 찾아 나서시며, 깨어진 교제의 자리에서 적개심을 두셔서, 완전히 새로운 요소로서 그 분의 긍휼과 자비를 나타내십니다. 일상, 직업, 음식, 옷이 더 이상 행위 언약에서 체결된 동의나 권리에 따라 인간에게 주어지는 것이 아닙니다. 언약의 유익은 은혜 그 자체를 통해서 옵니다. 은혜는 모든 인생의 근원이자 원천이며, 인류를 위한 모든 축복이 됩니다. 은혜는 모든 선함으로부터 흘러넘치는 샘입니다(창 3:8-24).

그러나 이 은혜는 분리되지 않는 하나로 존재하지 않습니다.

은혜는 일반은총와 특별은총으로 구별됩니다. 가인은 형제를 죽였기 때문에 하나님의 면전에서 쫓겨났습니다(창 4:14, 16). 그러나 그는 여전히 생존했습니다. 엄격한 공의의 자리에서 가인에게 은혜가 주어졌습니다. 이제 가인은 족장이 되어 땅을 정복하는 작업에 전념하며, 인간 문화의 발전을 시작했습니다(창 4:15-24). 대조적으로, 셋의 후손은 여전히 하나님에 대해 알고, 그를 섬겼습니다(창 4:25-5:32).

이 두 집단이 혼합되어 땅에 악이 관영할 때, 끔찍하지만 필연적인 심판인 홍수가 왔습니다. 노아로부터 태어난 새 인류는 자연 속에서 더 연약하고, 힘이 약하며, 덜 오래 살았습니다. 새 인류도 여전히 존재하고, 살아가지만, 그 역시 언약의 형태를 취한 오직 하나님의 은혜 덕분에 그러한 것입니다. 불의에 대하여 분노하시는 하나님께서는 이처럼 자연 만물과 모든 살아있는 존재와 더불어 언약을 맺음으로써, 창조된 존재와 생명의 기초를 보장하셨습니다. 생명과 존재는 더 이상 "자연적"인 것이 아니게 되었습니다. 차라리 그것은 인간이 더이상 떳떳하게 요구할 수 없는 "초자연적" 은혜의 결실이라고 말해야 할 것입니다(창 8:21, 22; 9:1-17).

심지어 함과 야벳으로부터 나온 족속조차도 은혜로 삽니다. 노아의 홍수 이후, 인류의 연합은 회복되지 않았습니다. 이 연합은 언어의 혼란으로 인해 완전히 깨졌습니다. 일반은총과 특별은총이 각각의 물길을 따라 흐릅니다. 신적 관용과 오래 참음의 시대가 시작됩니다(롬 3:25). 간과하심의 시대가 시작됩니다(행 17:30). 하나님께서는 민족들로 자기 길을 가도록 방임하시나(행 14:16), 자신을 증언치 아니하신 것은 아니었습니다(행 14:17). 그분께서 각 사람에게서 멀리 떠나지 아니하신고로, 열방은 그분을 힘입어 기동하며 존재합니다(행 17:27-28). 그분은 자연의 운행을 통해 자신을 인간에게 나타내십니다(롬 1:19)[4]. 온갖 좋은 은사와 온전한 선물이 다 위로부터, 빛들의 아버지께로부터 내려옵니다(약 1:17). 만물을 창조하고 유지하시는 말씀께서 세상에 오셔서 각 사람을 비추십니다(요 1:9). 성령님은 모든 생명과 모든 권능과 모든 미덕의 창조자이십니다(창 6:17; 7:15; 시 33:6; 104:30; 139:2; 욥 32:8; 전 3:19).

이제 이방인에게조차 하나님의 풍성한 계시가 주어집니다. 이는 자연뿐 아니라 이방인의 마음과 양심, 인생과 역사, 정치인과 예술가, 철학자와 개혁자에게도 주어집니다. 하나님의 계시를 훼손하거나 줄어들게 할 어떤 이유도 없습니다. 계시는 소위 자연계시라 부르는 것에 제한되지 않습니다. 낙원의 전통, 가인의 삶과 그의 후손 그리고 노아 언약은, 특별하고 초자연적인 근원을 가집니다. 이방인의 세계에도 초자연적인 힘의 역사는 얼마든지 가

---

4) 편집자주: 원문은 19절로 기록되어 있으나, 개역개정역에 따르면 19절보다 20절이 더 적절하다.

능합니다. 그러나 자연과 역사에 주시는 하나님의 계시는 그분의 미덕을 단순히 수동적으로 부으시는 것이 결코 아닙니다. 계시는 항상 하나님께서 능동적으로 행하시는 영역입니다. 예수님의 아버지께서는 항상 일하시며(요 5:17), 그 분의 섭리는 신적이고 영원하며 편재하는 능력이십니다.

그런 이유 때문에, 이스라엘 종교와 세상 종교의 단적인 차이점을 계시라고 말할 수 없는 것입니다. 그 차이를 계시 종교(religio revelata)와 자연 종교(religio naturalis)라는 식으로 대조시킬 수 없습니다. "자연 종교"는 종교가 아니라 철학입니다. 모든 종교는 실체가 있으며, 실제적이거나 전제된 계시에 근거합니다. 따라서 이 논점에서 정말 중요하고 실질적인 차이는 바로 **은혜**에 있습니다. 특별은총(gratia specialis)은 이방인에게는 알려지지 않은 어떤 것입니다. 이방 종교는 모두 인간 의지의 산물이거나 율법적 성격의 산물입니다. 사실 불교도 그런 것입니다. 이러한 종교는 모두 깨진 행위 언약으로부터 생긴 부산물이거나 퇴화한 것들입니다. 이방 종교는 항상 구속의 성취가 인간 자신에게 달려 있습니다. 정화, 금욕, 고행, 희생, 율법 준수, 명상과 같은 것이 구원에 이르는 수단입니다. 그러나 이스라엘 종교에서 특별은총, 곧 은혜 언약은 하나님과 아브라함과 그의 후손에 의해 세워진 놀랍고도 새로운 어떤 것으로 나타납니다. 창조와 자연의 하나님이신 엘로힘께서는 그분 자신을 이스라엘에게 언약의 하나님이신 여호와로 알리셨습니다. 이 계시는 이미 존재하는 것으로, 이전의 역사와 하나님의 계시를 연결합니다. 아브라함을 셈 족속으로부터 부른 것은 우연이 아닙니다. 함과 야벳의 후손들이 하나님의 거룩함에 대한 의식을 점점 잊어가며 스스로 세속에 더더욱 깊이 빠져들던 때, 셈의 후손은 하나님에 대한 지식과 봉사를 가장 오랫동안 가장 순수하게 보존했습니다. 셈족에게는 지극히 높으신 분의 선지자가 항상 있어 왔습니다.

이스라엘의 종교는 아담과 노아와 셋과 셈의 가족에서 발견되는 인류의 근본적인 종교의 넓은 기초 위에 세워졌습니다. 그렇다 보니 창조 때에 드러난 전능성, 전지성, 영원성, 편재성 같은 하나님의 속성은 신약보다 구약에서 더욱 두드러집니다. 창조, 섭리, 보존, 통치와 같은 자연에서의 하나님의 사역은 복음사가와 사도보다는 선지자와 시편 기자가 보다 폭넓게 묘사합니다. 자연에 대한 감사와 피조 세계에서의 기쁨은 신약보다 구약에서 더 크고 강하게 울립니다. 그러나 이러한 것이 비록 필수 전제이자 필연적 요소이기는 하지만 이스라엘 신앙의 **핵심**은 아니었습니다. 그것은 오직 언약 관계에서, 하나님께서 그분의 백성에게 너무나도 초월적으로 다가오실 때에만 생겨납니다. 곧 엘로힘께서 여호와로 그분 자신을 나타내실 때 말입니다. 창조 및 언약 수립이라는 두 기둥 위에 이스라엘 종교가 세워집니다. 선지자와 시편 기자는 늘 이 두 기둥으로 돌아갔습니다.

이제 이 창조 및 언약 수립은 이스라엘 신앙의 놀랍고도 독특한 중심을 차지합니다. 하늘과 땅의 창조자이신 하나님께서 마찬가지로 택하신 이스라엘의 하나님이 되셨습니다. 하나님께서는 그분의 선한 뜻으로 이스라엘 백성을 유업 이을 자로서 기꺼이 불러내셨습니다. 성육신은 이스라엘에서 이미 시작되었던 것이나 마찬가지입니다. 주님께서는 최고로 높아지시며, 모든 민족이 그분 앞에서 아무것도 아닙니다. 그 분은 자신의 선하신 뜻에 따라 하늘과 온 땅 거주민의 주인이 되십니다. 헤겔이 숭고함의 종교(Religion der Erhabenheit)로 이스라엘의 신앙을 설명했을 때 그런 특징을 놓치지 않았습니다. 그러나 이 지극히 높으신 하나님께서는 가난하고 멸시당하는 인간의 수준으로 자신을 낮추시며, 모든 면에서 실제로 인간과 같이 되셨습니다. 인간의 말과 행동과 감정이 온전히 순수한 방식으로 그분께 주어졌습니다. 그분은 할례와 희생 제사, 성전과 제사장과 같은, 이전에 있었던 종교의 형태들을 받아들여 그분을 경배하게 하셨습니다. 하나님께서 인간으로 자신을 낮추시자, 이전까지 존재하던 이스라엘과 이웃 종교 사이의 경계가 마치 사라진 것처럼 보였습니다. 그럼에도 혹자는 이스라엘 종교의 핵심에서 또 다른 중심을 찾기도 합니다. "이는 사람으로 혹 하나님을 더듬어 찾아 발견하게 하려 하심이로되[행 17:27]"라는 구절과 같이, 다른 종교에서 하나님을 찾는 인간들이 있습니다. 그러나 여기서 우리는 **하나님께서** 인간을 **찾으시며**, 인간에게 여전히 자비하심으로 **다가오시는** 분이심을 발견합니다. "나는 네 하나님 여호와니라!"

이스라엘 신앙의 본질에는 만물이 의존하는 은혜 언약이 있습니다. 전능성, 전지성, 영원성, 편재성 같은 하나님의 속성은 추상적으로 나타난 적이 없습니다. 도리어 그 속성은 항상 종교적이며[5] 윤리적인 관점에서 묘사되며, 그분의 백성을 위로하거나 혹은 부끄럽게 하려고 사용되었습니다. 엘로힘은 이스라엘의 하나님이시며, 여호와는 그분의 이름이십니다. 이스라엘의 평화와 구원은 이 하나님에게서만 발견됩니다. 그분은 하나이시며, 유일하시며, 이스라엘의 경건한 자를 위한 가장 높은 선이시며, 방패요 상급이시며, 근원이자 원천이시며, 반석이자 피난처이시며, 빛이자 구원이십니다[시 27:1]. 그분 외에는 이스라엘이 땅에서 사모할 이가 없습니다[시 73:25]. 그분을 향한 이스라엘 백성의 영혼은 사슴이 시냇물을 찾는 것보다 더 갈급합니다[시 42:1]. 그분의 율법은 하루 종일 이스라엘의 기쁨이 되시며[시 119:97], 이스라엘의 길에 빛이요 이스라엘의 발에 빛이십니다[시119:105]. 이스라엘의 기쁨은 그분의 길에서 정한 마음과 새로운 영으로 행하게 합니다[시 51:10]. 여호와께서는 이스라엘의 하나님이시며, 이스라엘은 그분

---

5) 역자주: 바빙크에게 "종교적"이라는 말은 "경건한"의 의미도 있지만, 그보다는 "정치적이거나 사회적이 아닌, 영적이고 종교적이며 윤리적인"의 의미를 지닌다.

헤르만 바빙크의 일반은총

의 백성입니다. 본질적으로 이스라엘의 신앙은 이미 삼위일체적입니다. 하나님께서는 엘로힘이시며, 최고로 높이 계시며, 영원에 거하시며, 거룩하시며, 모든 피조물의 모든 더러운 것을 지우십니다. 그러나 그분은 또한 언약의 하나님이신 여호와이십니다. 그분께서는 "여호와의 사자(Malak Yahweh)"로 나타나시며, 그분 자신을 이스라엘에게 주셔서 그들을 은혜로 택하시며, 애굽으로부터 구원하시며, 희생 제물로 정결케 하시는 분이십니다. 그 분께서는 또한 영이시며, 건강함과 축복의 창조자이시요, 이스라엘로 하여금 그 언약 속에서 그들의 삶의 기초가 있게 하며, 그 분의 길을 걷게 하시고, 그들을 거룩하게 하여 제사장 나라가 되게 하십니다[출 19:5-6].

역사의 과정에서 이스라엘 신앙의 본질은 그리스도 안에서 목적과 성취를 발견하는 것으로 더 자세히 드러납니다. 그리스도께서 은혜 언약의 궁극적 **내용**이십니다. 그리스도 안에서 하나님의 모든 약속이 "예"와 "아멘"이 됩니다. 그리스도께서는 은혜와 진리의 충만이신 순수한 은총이십니다. 그리스도 외에 어떤 새로운 입법자나 새로운 법도 있을 수 없으며, 그리스도만이 우리와 함께 계신 하나님이자 여호와로 온전히 나타나시어 다 주신 바 되신 임마누엘이십니다. 자연과 창조에서 하나님의 속성이 덜 두드러지는 듯 보이는 신약 종교의 내용 또한 그래서 온전히 은혜입니다. 하나님의 속성이 안 주어진 것이 아니라 오히려 이제 모든 곳에서 전제됩니다. 하지만 신약에서는 사랑과 은혜와 화평이라는 하나님의 속성이 비로소 강조되어 전경(前景)에 보이게 되었습니다. 아버지의 사랑과 아들의 은혜와 성령의 교통 속에서 죄인은 완전한 회복과 구원을 발견합니다. 자연과 하나님의 관계는 하나님과 그분의 교회 사이의 관계 앞에 영광의 자리를 주면서 뒤로 물러나 버렸습니다. 종교적 삶과 국가적 삶 사이의 일치성은 깨어졌습니다. 이제 은혜는, 말하자면 이스라엘에 주어진 그 경륜 아래 제한된 형태들에서 벗어나, 스스로 서있습니다. 그리스도께서는 하나님께서 인류에게 주신 지혜와 의로움과 거룩함과 구원이 되십니다[고전 1:30]. 구원은 인간의 행위가 아니라, 아버지로부터 그분께서 사랑하시는 아들의 인격 안에서 주어지는 선물입니다.

복음은 순수한 은혜입니다. 이것이 기독교의 핵심이자 내용입니다. 이스라엘 역사와 그리스도의 삶에서 나타난 평범한 사건조차도 특별은총의 계시, 곧 특별 계시를 구성합니다. 그리스도의 고난과 죽으심은 자연의 법칙들로부터 한 치의 벗어남도 없는 완전히 자연적인 사건이었습니다. 그럼에도 십자가는 기독교 신앙의 핵심 그 자체입니다. 기독교의 본질, 그리고 (다른 종교와) 기독교를 구분하는 특징은, 어떠한 초자연적 형태에 있는 것이 아니라 다만 하나님의 은혜라는 그 내용에 있습니다. 그래서 이것은 눈으로 보지 못하고 귀로 듣지 못하고 사람의 마음으로 생각하지도 못하는 것입니다[고전 2:9]. 하나님께서는 그리스도 안에서 그분의 긍휼하심에 따른 친근한 감정으로 우리를 찾아오셨습니다.

그러나 특별은총이 태초의 인간 때부터 이미 준비되어 온 것임을 또한 생각해야만 우리는 충분한 감사를 할 수 있습니다. 그리스도께서는 이스라엘로부터 나셨습니다. 신약은 구약이 완전히 성장한 열매요, 그리스도의 초상화는 구약의 **태피스트리**[6]에만 날카롭게 초점을 맞춥니다. 그래서 이제 우리는 은혜와 진리로 충만하신 그분을 명확히 보게 됩니다[출 34:6-7; 요 1:14]. 이는 천지의 창조자이신 하나님 자신께서 그리스도 안에서 그분의 백성에게 그분 자신을 온전히 드러내고, 내어주시는 것입니다. 그리스도 안에서만 완전하게 드러나는 이 은혜는, 이제는 모든 인간을 향합니다. 이스라엘은 모든 인류를 위하여 선택되었습니다. 특별은총은 일시적으로 이스라엘 안에서 자기를 위한 물길을 팠지만, 이는 일반은총(gratia communis)으로 유지되고 보존되어 인류라는 깊고 넓은 바다를 향해 흐르기 위한 것이었습니다. 이스라엘을 택하심은 육신에 한해서만 그리스도를 세상에 데려오시기 위함이었고, 그로써 특별은총이 완전히 계시되어 두루 흘러넘치게 되었습니다. 특별은총의 강은 이스라엘 민족의 둑에서 불어나 흘러넘칩니다. 그 강물은 온 세상의 지표 위로 뻗어나갑니다. 이것이 바

---

6) 편집자주: 색실로 짜넣어 그림을 표현하는 중세의 대표적인 직물공예 기법이다.

울이 그토록 자주 감탄과 경외함으로 말했던 신비입니다. 즉, 이 방인도 하나님 집의 상속자이자 또한 지체입니다[엡 3:6]. 특별은 총과 일반은총이라는 이 두 가지는 오랫동안 분리되었지만 다시 합쳐졌습니다. 그리하여 연합된 은총은 이제 온 땅의 신자들과 함께 그 길을 만듭니다. 야생 감람나무가 좋은 감람나무에 접붙여졌습니다. 그리고 아브라함의 씨에서, 땅의 모든 족속이 복을 얻습니다[창 12:3].

2. 로마 가톨릭의 체계에는 일반은총의 개념이 없다.

사도의 설교가 이방인에게 은혜의 복음으로 알려졌습니다. 그 이방인 앞에 사상의 완전히 새로운 세계가 펼쳐졌습니다. 여기에 새로운 철학이 헬라로부터 흘러나온 철학과 나란히 자리를 잡았습니다. 그 새로운 열망은 특이하고 참신한 생각으로 기독교를 빠르게 정복해 나갔으며, 철학으로 길러진 의식을 사용해서 기독교를 차지해 나갔습니다. 2세기의 영지주의는 기독교를 거대한 세계의 흐름 가운데 소개하여 모든 종교와 철학을 아우르는 거대한 체계 속에 기독교를 녹여내려는 야심찬 시도였습니다. 그러나 곧 환멸이 뒤따랐습니다. 교만한 사변 가운데서 은혜의 복음은 사라졌습니다.

그럼에도 불구하고 사람들은 믿음을 영적인 지식의 수준으로 끌어올리고 삼위일체, 성육신, 속죄의 교리를 이성의 빛으로 증명하거나 명확히 하려고 노력하면서, 헬라와 영지주의 사상의 영향력에 저항했습니다. 이러한 시도는 중세에 이르러서도 오랫동안 계속되었습니다. 시간의 흐름 속에서 사변적 사고는 그런 교리를 머리로는 풀 수 없는 불가해한 신비로 결론지으려고 자꾸만 몰아갔습니다. 이성은 감각 가능한 것을 넘어서 초자연적인 어떤 것의 일부를 붙잡는 작업을 그럭저럭 수행하는 것처럼 보였습니다. 하나님의 존재와 영혼의 불변성과 같은 것도 적어도 증명할 수는 있는 것으로 생각했습니다. 그러나 어느 지점에서 이성 역시 그 한계가 있음을 깨닫게 됩니다. 그리하여 복합적 조항(articuli mixti, 신앙과 이성으로 알 수 있는 것들)과 순수한 조항(articuli puri, 신앙으로만 알 수 있는 것들) 사이에, 그리고 자연 신학(theologia naturalis)과 계시 신학(theologia revelata)사이에 구분이 생겼습니다. 본질적으로 이러한 구분은 이레네우스(Irenaeus), 테르툴리아누스(Tertullian), 아우구스티누스(Augustine) 그리고 다메섹의 요한네스(John of Damascus)와 같은 교부들에게서 이미 나타납니다. 교부들은 신자가 예수 그리스도의 아버지로 알게 된 바로 그 하나님의 손길을 자연과 역사에서 알 수 있다는 말의 의미를 바르게 파악하고 있었습니다. 그러나 로마 가톨릭 스콜라주의의 흐름에서, 종교개혁 이전과 이후에서, 이러한 구분은 모두 완전히 다른 의미로 발전되어 받아들여지고 맙니다. 로마교는 죄와 은혜의 대조적인 관계를 자연 종교와 초자연 종교의 대조로 대체했습니다. 이러한 이후의 대조에서 로마 가톨릭은 사도적 기독교의 원리와 충돌하는 **어떠한 체계**를 선택합니다.

로마교의 관점은 이러합니다. 하나님의 마음에는 인간에 대한 두 개념, 마찬가지로 두 가지 도덕법, 사랑의 두 종류, 이중적 목적이나 목표가 존재합니다. 하나님께서는 먼저 순수한 본성(puris naturalibus) [순수히 자연적인 상태]으로, 지상적이고 감각적이며, 이성적이고 도덕적인 존재로 인간을 창조하셨습니다. 물론 그분은 인간 본성에 하나님의 형상, 곧 덧붙여진 은사(donum superadditum)를 더하셨습니다. 그러나 이는 곧 죄를 통해 잃어버린 바 됩니다. 그러므로 원죄는 전적으로 혹은 거의 전적으로, 덧붙여진 은사의 상실과 순수한 본성으로 되돌아감을 의미합니다. 자신이 속한 사회적 환경의 악한 영향으로부터 분리된 인간은 타락 이전의 아담의 상태와[7] 같은 상태로 여전히 태어나지만, 다만 덧붙여진 은사가 부족한 것이 됩니다. 왜냐하면 정욕은 그 자체로 죄는 아니며, 다만 욕망이 이성의 지배권에서 도망칠 때에 죄가 된다고 보기 때문입니다.

---

7) 역자주: 만약 한 인간이 초자연적 영향에서 완전히 벗어난다면, 즉 순수한 본성만 남게 된다면, 타락 전 아담의 상태에서 덧붙여진 은사만 부족한 상태이기 때문에 같다고 볼 수 있다.

그렇게 본다면, 이 자연적 인간은 참되고 선하며 완전한 인간입니다. 그는 선하고 순수한 종교인 자연 종교(religio naturalis)를 가질 수 있게 됩니다. 그는 선하고 완전한 윤리를 가질 수 있으며, 진정한 미덕들을 실천할 수도 있습니다. 또한 그렇게 본다면 그는 모든 측면에서 죄가 없는 지상적 삶을 살 수 있으며, 자신을 예술과 학문에, 사업과 산업에 헌신할 수 있을 뿐 아니라, 가정적이고 사회적이며, 정치적 의무 역시 충실히 성취할 수 있습니다. 한 마디로 우리는 자연의 영역 안에서 완전히 존재하며, 이런 한계 속에서 그의 이상적인 본질에 완전히 일치하는 한 인간을 상정할 수 있게 됩니다. 물론 로마교가 그러한 인간이 종교 없이 완전히 존재할 수 있다고까지 막 나아가지는 않습니다. 하나님에 대한 인간의 생각은 순전히 멋대로일 수가 없습니다. 인간은 필연적으로 어떤 종교를 가져야만 합니다. 그러나 의문의 그 종교란, 자연 속에서 하나님의 자기 계시로부터 저절로 알게 되거나 혹은 모든 인간 안에 자연적으로 내재된 능력으로 믿게 되는 단순한 자연 종교일 것입니다. 그런 자연적인 인간은 하나님과 주종관계에 있으며 하나님의 면전에서 하늘의 복을 요구할 수 없습니다. 사실상 대부분의 인간은, 죄가 없는 자연적이며 지상적인 그런 삶을 사는 것과는 거리가 멉니다. 죄의 영향력과 실례는 그러기에는 너무 크기 때문입니다. 그러나 관념적으로 창조된 가톨릭의 이상이 불가능한 것처럼 보이지는 않습니다. 다만 어떤 인간이 실제로 그러한 도덕적이고 자연적인 삶을 성취하고 자연 종교의 의무를 이행한다면, 그때는 또 다른 측면의 무덤이 그를 기다릴 것입니다. 이는 마치 세례를 받지 못하고 죽은 어린 아이와 같을 것입니다. 거기에는 어떠한 진정한 심판이 아니라 다만 영벌의 고통(覺苦; poena damni)이 있을 것입니다. 그 저주는 초자연적인 복, 다시 말해 가장 높은 선이 결핍된 것입니다.

가톨릭의 관점에서는, 하나님이 인간을 위해 정하신 두 번째이자 더 높은 이상과 목표가 있습니다. 고린도전서 2장 6-16절의 로마교 주해에 따르자면 다음과 같이 됩니다. 엄밀하고 절대적인 의미로 말해서 초자연적인 또 다른 질서라는 게 존재합니다. 이것은 타락한 인성의 지성을 초월할 뿐만 아니라 죄 없는 자연적 인간의 지성도 초월합니다. 사실상 그것은 천사의 지식까지도 초월하며, 그렇기에 이는 오직 초자연적인 계시를 통해서만 알려질 수 있을 것입니다. 이 초자연적인 질서에서 하나님은 그분의 주권적 자유 안에 인간을 두기로 결심하십니다. 그분은 그저 자연에 기초한 하나님에 대한 자연 지식의 단계로 뿐만 아니라 계시에 기초한 하나님에 대한 지식에까지도 인간을 높이려 하십니다. 하나님께서는 인간을 지상의 복을 위할 뿐만 아니라, 하늘과 초자연적인 복을 주기로 정하셨습니다. 인간을 창조하신 하나님의 선하신 뜻은 종의 지위를 위함이 아니요 하나님의 아들로 만들고자 함이었습니다. 문제는 이 목표를 위해서 또 다른 더 높은

헤르만 바빙크의 일반은총

은사가 필요하다는 것입니다. 왜냐하면 인간의 자연적 은사가 그 가장 높은 목표에 이르기에는 충분하지 않았기 때문입니다. 자연적인 은사에 더해서 인간은 초자연적 은혜인 성령님의 내주하심이 필요했습니다. 타락 이전에 이 은사는 덧붙여진 은사(donum superadditum)로서 그에게 주어집니다. 그러나 타락 이후에 이 은사는 두 가지 조건을 필요로 합니다. 먼저는, 우연적 방식에서, 타락으로 다소간에 약해진 인간의 자연적 은사를 보조하는 것이 필요했습니다. 두 번째는, 절대적 의미에서, 인간을 그 초자연적인 목적지에 도달할 수 있게 하는 것이 필요했습니다. 그리고 이런 초자연적인 은혜(gratia supernaturalis)의 보존과 분배는 지상의 교회에 위임된 것이었습니다. 사제와 성사의 사효적인(ex opere operato) 집행을 통해, 교회는 초자연적 은혜를 인간에게 주입시킬 수 있는 존재가 **되었으며**, 그리하여 인간으로 하여금 초자연적인 기초로부터 흘러나오는 선한 행위를 가능케 만들었습니다. 이러한 선한 행위가 인간을 적정공로(meritum ex condigno)의 원리에 따라 하늘의 복을 누릴 수 있도록 만들었습니다.[8]

---

8) Lomb. *Sent.*, II dist 26 en 29. Thomas, *de veritate*, qu 27. II. S. Theol. II. 1. qu. 109 art. 1-5.
    Kleutgen, *Theol. der Vorzeit*, 2e Aufl. II. 6-152. Scheeben, *Natur und Gnade*, (Mainz, 1861).
    Handb. d. Kath. Dogm. II. (1878). S. 240 f. Scheeben, *Die Mysterien des Christ.* (Freiburg,
    1865). Denzinger, *Vier Bücher von der relig. Erkenntniss.* (1857). II. 75. f. Oswald, *Relig.
    Urgeschichte der Menschheit*, 2e Aufl. (Paderborn, 1887).

이렇듯 자연적인 질서와 초자연적인 질서를 나란히 두는 것은 로마교의 놀라운 관행을 설명합니다. 곧 로마교가 항상 두 차원으로 아이를 양육해 왔으며, 항상 예외 없이 기독교를 재단하여 모든 사람에게 더도 덜도 아니도록 딱 알맞은 맞춤화를 이루었음을 보여줍니다.[9] 만약 우리가, 로마교가 그동안 자연적 질서를 넘어서 쌓아온 초자연적인 질서들에 대해 잠시만 생각해보더라도, 거기엔 순수한 합리주의, 진정한 펠라기우스주의, 그리고 순수한 이신론 외에 별로 남는 것이 없다는 것을 알게 될 것입니다. 이 가톨릭 체계의 근원이 바로 펠라기우스주의입니다. 하나님께서 세상을 창조하실 수도, 창조하시지 않을 수도 있는 자유를 가지셨습니다. 그분은 한 가지 방법이나 어쩌면 다른 방법으로 창조하실 수도 있었을 것입니다. 그분의 선하신 뜻에 따라서 그분께서는 인간이 자신의 존재에 관한 초자연적인 지식을 가지거나, 가질 수 없게 창조할 수도 있으셨을 것입니다. 그 분의 의지는 이데아에 결코 얽매이지 않으십니다.

그렇게 해서, 하나님을 기쁘시게 하기 위한 선과 덕의 수많은 등급과 단계가 만들어졌던 것이었습니다. 위계적인 질서와 배열은 로마교 체계의 핵심 원리입니다. 천사 사이의 위계, 하나님

---

9) Pierson, *Geschiedenis van het Roomsch-Katholicisme*, (Haarlem: Kruseman, 1868), I, 25.

을 아는 지식에서의 위계, 도덕적 삶에서의 위계, 교회의 위계, 심지어 죽음의 위계, 은신처들(receptacula) [안식의 장소들]의 위계가 그것입니다. 가장 높은 단계는 모두를 위한 것이 아닙니다. 로마교에 따르면, 고린도전서 2장 14절에서 자연적 인간은 죄인이 아니라 덧붙여진 은사(donum superadditum)가 없는 인간입니다. 이 인간은 그의 은사를 활용하여 자연적인 목표를 다 이룰 수 있는 능력이 있습니다. 그래서 로마교는 이방인에게 더 순화된 심판을 선언합니다. 그러나 이 원리로부터 또한 암묵적인 신앙(fides implicita), 도덕의 특권, 결의론(casuistry)의 가르침이 그리스도인 삶의 전 영역에서 흘러나왔습니다. 모든 인간이 같은 판에 서 있는 것이 아니며, 도덕적이고 종교적인 이상은 개인의 소질과 수용성에 따라 조절이 가능합니다. 이 원리는 또한 가톨릭 지성인이 이전 세기에 이성적이며 이신론적인 신학을 잉태하고 거기에 동의했던 이유를 말해주기도 합니다. 그 원리로만 본다면 이 신학은 온전히 참되며 선한 것처럼 보일지도 모르겠습니다. 이 신학은 단지 미완성된 것이거나 보충할 필요가 없는 것이 됩니다. 그리고 가톨릭 변증가들은 이 이성적 기초 위에서 초자연적 질서의 구조를 만들려고 했습니다. 로마 가톨릭의 교의학은 이 체계에 따라 조직되었습니다. 자연 신학(theologia naturalis)은 신앙의 전제(praeambula fidei)입니다. 그리고 여기에는 신앙 가능성의 동기(motiva credibilitatis)가 뒤따릅니다. 그리고 그 위에 가장 높은 곳에 초자연 신학(theologia supernaturalis)이 올라섭니다.

그러나 또한 로마교는 아이를 또 다른 차원으로 양육합니다. 여기에는 자연적인 요소가 없지만, 더 높거나 더 나은 무언가를 향한 욕구가 있는 이상적이며 신비적인 인간이 있습니다. 이들은 하나님께서 그 교회를 통해 가능케 하셨던 초자연적인 삶의 목표에 이를 수 있습니다. 이 목적에 도달하기 위해서 자연적 삶은 무익한 장애물이 됩니다. 이는 그 자체로 죄악된 것은 아니지만 그럼에도 어쨌든 장애물입니다. 청빈, 순종, 순결의 세 권고(Consilia) [counsels]로써 그는 최고의 완전함에 가장 확실히 도달할 수 있습니다. 여러 가지 면에서 수도원주의의 기원은 여전히 불분명한 것으로 남아있습니다.[10] 그러나 이 운동의 정신은 로마 가톨릭 체계 전반에 걸쳐 스며들어 왔습니다. 초자연적 질서는 하나의 고유한 질서인데, 자연적 삶으로부터 높이 고양되어 있고, 모든 면에서 그것과 동떨어져 있습니다. 전자[초자연적 질서]를 섬기는 사람은 후자[자연적 삶]에 있어서는 가능한 한 죽어야 합니다. 수도사는 "종교적인" 탁월성을 가진 그리스도인입니다. 수도사는, 그게 전부는 아니겠지만 확실히 가장 높은 기독교의 이상을 나타내는 자입니다.

---

10) Harnack, *Des Mönchtum, Seine Ideale und seine Geschichte*, 3e Aufl. (Giessen, 1886.

그렇게 되므로, 자연의 세계에서 초자연적인 세계로 전환되는 모든 것은 먼저 거룩하게 구별되어야만 합니다. 십자가 성호, 성수, 도유, 축귀 그리고 서품은 두 세계의 혼란을 방지하기 위해서, 혹은 분리와 정결함으로 초자연적인 세계를 보존하려고 만든 각종 수단입니다. 인간뿐만 아니라 교회, 제단, 종, 양초, 잔, 의복 등의 물건들까지도 불경함으로부터 분리되어 거룩한 영역으로 옮겨집니다. 초자연적인 세계 안에서 모든 것들은 이제 더 높은 질서에 속하며 초자연적인 목표(finis supernaturalis)를 위해 준비됩니다. 교회가 주는, 특히 주입된 은혜(gratia infusa)와 같은 수단의 도움으로, 누구든 자신을 가장 높은 목표를 위해 준비시킬 수 있습니다. 이 목표는 지성적이거나 신비적이거나 할 것 없이 모두가 추구할 수 있습니다. 스콜라주의와 신비주의는 한 줄기에서 나온 가지입니다. 사실상 서로 반대되는 것이 아닙니다. 오히려 이들은 같은 원리에 근거해서 서로가 서로를 도우며 자주 한 편이 됩니다. 양자는 그 근본과 특징과 목적에 있어서 그야말로 로마 가톨릭입니다. 가톨릭의 경건은 "헌신"의 특징을 지닙니다. 그 경건은 자신의 모든 능력을 다해서 거룩한 것, 곧 좁은 의미의 종교적인 것에 대한 묵상과 관상을 행하는 **전인의 전적인 헌신**입니다. 이 헌신을 위해 자연적 삶을 포기하는 것입니다.

가톨릭주의의 이 두 가지 성격은 매우 명백합니다. 땅에서의 삶을 포기하고 하늘의 삶에 전적으로 헌신하는 것은 우리를 존경과 감탄으로 채우는 측면이 있습니다. 로마교는 가장 높은 질서에 합당하게끔 성인들을 올려놓습니다. 그러나 다른 측면에서 보면 인간 본성의 연약함에 대한 방조가 늘 있으며, 이는 기독교 도덕에 직면하여 비난을 조장합니다. 로마교의 주도권이 중세만큼더 절대적이며 경쟁자가 없던 때는 없었습니다. 로마는 모든 것 위에 날개를 펼쳤습니다. 그러나 반짝이는 것이 모두 금은 아닙니다. 기독교의 형태 아래에는 강력한 자연적 삶이 숨겨져 있습니다.[11] 이 자연적 삶은 세상과 정욕에 전혀 낯설지 않았습니다. [참고. 요일 2:17] 중세의 시기에 일상적 삶은 지하로 쫓겨났던 셈이었고, 아직 부흥하거나 성화되지 못했었습니다만, 그가 로마교의 위계에 대항하여 자신을 강력히 주장하고 나서는 것은 단지 시간문제일 뿐이었습니다. 때는 중세 말에 점점 더 가까워지고 있었습니다. 영적인 동요의 상태, 자유를 요구하는 운동이 모든 곳에서일어났습니다. 모든 종류의 불신과 비웃음, 세속과 부도덕, 르네상스와 인문주의에서 그것이 표현되었습니다. 로마교는 삶의 기본문제를 풀지 못했습니다. 신앙과 이성, 교회와 국가, 자연과 은혜는 서로 타협할 수 없는 대립 속에 있었습니다. 드디어, 자연적 인간은 그 목에서 로마교의 멍에를 풀어버렸습니다.

---

11) Paulsen, *System der Ethik*, (1889). S. 93 f. *Geschichte des gelehrten Unterrichts*, (Leipzig, 1885). S. 5 f.

3. 일반은총의 원리는 종교개혁에서 –특별히 칼뱅에게서–
   잘 발견된다.

시간이 지나면서 점차, 종교적 인간인 그리스도인조차 로마 가톨
릭주의 안에서는 결코 평안에 이를 수 없다는 사실이 명백해졌습
니다. 종교개혁은 로마교의 초자연주의가 단순히 지식에 걸림돌
이 아니라 구원의 방해물로서 양심을 침해한다고 느꼈습니다. 종
교개혁은 정치적, 사회적 혹은 학문적 운동이 아니었으며, 종교적
이자 윤리적 운동이었습니다. 이 운동은 그리스도인이 믿는 신앙
의 한 부분이었습니다. 한 손으로 구원의 확신을 붙잡으면서 다른
한 손으로 계속해서 죄를 부여잡는 것을 루터는 받아들일 수 없
었습니다.[12] 종교개혁은 죄 용서의 위안과 하나님의 자녀가 되는
경험과 기쁨 그리고 구원과 은총의 확신을, 선행으로는 절대 이
룰 수 없다는 확신에서 태동했습니다. 복을 받을만한 공로가 되
는 선행은 행위 언약에서 하나님 형상을 따라 창조된 인간에게
딱 알맞은 것이었습니다. 그러나 죄의 출현으로 그러한 공로는 완
전히 불가능해졌습니다. 이제 죄 용서, 양자됨, 의로움과 축복은
하나님께서 그분의 은혜에서 그것들을 우리에게 주실 때에만 우

---

12)   Schaepman, *Roomsch recht tegen Protestantsch verweer*, (1892), bl. 32, 33.

리의 것이 됩니다. 사실상 선행은 우리가 그리스도 안에서 하나님의 은혜로 주어지는 양자됨의 확신을 가질 때에만 가능합니다. 좋은 대가를 위해 일하지만, 자녀의 삶은 감사함에 기초합니다. 신앙을 전제하는 선행은 (동시에) 신앙의 열매입니다. 나무의 본질을 바꾸십시오. 그리하면 좋은 열매는 자연히 뒤따를 것입니다. [참고. 눅 6:43-45]

따라서 종교개혁은 초자연 종교가 아니라 은혜 언약(foedus gratiae)에 기초합니다. 이렇게 선택하면, 이제 자연과 은혜의 관계 문제는 보다 더 어려워집니다. 믿음 없이는 선행이 불가합니다. 하나님의 형상은 인간에게 속하였지만, 죄를 통해 잃어버린 바 되었습니다. 이제 어떤 선함도 타락한 인간에게 남아있지 않습니다. 모든 생각과 말과 행동은 죄로 인해 오염됩니다. 자연적 인간에 대한 종교개혁의 판결은 로마교의 그것보다 훨씬 더 거칠었습니다. 고린도전서 2장 14절의 "육에 속한 인간(ψυχικὸς)"은 순수한 본성(puris naturalibus)이 아니라 자연으로 신앙의 신비를 붙잡을 수 없는 것으로, 그러나 죄인의 심적 어두움으로 인하여 영적 실재를 붙잡을 수 없는 것으로 이해되었습니다. 루터는 "이성"을 평생에 걸쳐 꾸짖었는데, 이는 그것을 "하나님의 율법에 저항"하는

"어두운 등불"로 보았기 때문입니다.[13] 루터는 "어떠한 지식도 없고 어둠만을 가진 죽은 이교도"라고 아리스토텔레스를 경멸했습니다.[14] 이로써 일치 신조(the Formula of Concord)는 인간의 이해와 마음과 의지가 적어도 영적인 문제에 있어서 "돌이나 나무줄기나 진흙"[15] 이상의 능력이 없는 "철저히 부패하고 죽은 것"[16]이라는 평가에 동조했습니다.[17]

그럼에도 불구하고 종교개혁은 자연적 인간이 선행을 이룰 수 있다는 사실을 부정할 수는 없었습니다. 루터파는 이 난제를 신적인 것과 육적인 것, 영적인 것과 감각 가능한 것, 더 낮은 것과 더 높은 것 사이의 두 영역을 엄격히 분리하는 것으로 풀어가는 수밖에 없었습니다. 자연적 인간의 삶에 있어서 그의 이성과 의지는 여전히 자유롭고 또한 어떤 선한 것을 남길 수도 있습니다. 하지만 영적인 문제에서 그것은 완전히 맹인이자 무력한 자가 되었습니다.[18] 비록 자연과 초자연의 대립이 윤리적 측면에서 고쳐지

---

13) Köstlin, *Luthers Theologie*, I, 387.

14) Luthardt, *Luthers Ethik*, 15.

15) 영역주: "Quam lapis, truncus aut limus."

16) 영역주: "Prorsus corruptus atque mortuus."

17) II. Pars. Sol. Decl. II. de lib. arb., ed. Müller, 589, 594.

18) Köstlin, *Luthers Theologie*, II, 244 f. Schmid, *Dogm. der ev. luth. K.* 192 f.

고 있다 하더라도, 이 지점에서 로마 가톨릭의 이원론은 완전히 극복할 수 없었습니다.

칼뱅의 논리적이며 체계적인 정신은 그러한 이원론에 남아있지 못합니다. 한쪽 측면에서, 칼뱅은 인간 본성을 어떤 영역에서든 선하다고 보기 어려울 정도로 인간의 죄를 심각하고 깊은 것으로 평가했습니다. 칼뱅은 만일 죄가 그 자체로 남아있다면 모든 것이 부패하여 무너질 것이라고 말했습니다.[19] 또 다른 측면에서, 칼뱅은 츠빙글리(Zwingli)에게도 동의할 수 없었습니다. 츠빙글리는 역사적 기독교의 경계를 넘어서 특별은총의 지배를 확장시켰으며, 이방인의 세계에조차 특별은총의 사역을 허용했습니다. 자연적 은사와 미덕은 무엇이든 인간에게 허용되었지만, 그럼에도 인간은 한 가지 중요한 것을 놓치고 있었습니다. 이는 하나님의 아들이신 그리스도 안에서의 하나님에 대한 지식, 곧 하나님의 아버지다운 사랑과 긍휼에 대한 지식이었습니다.[20] 그러나 이는 그리스도 바깥에 있는 인류에게서도 발견되는 참되고 선하며 아름다운 것까지 다 거부하는 입장은 아닙니다. 그러한 거부는 경험적으로도 맞지 않고, 하나님의 은사를 거부하는 것이 되며,

---

19) Instit. II. 2. 17.

20) Instit. II. 2. 18.

헤르만 바빙크의 일반은총

고로 그분께 배은망덕인 셈입니다.[21]

그래서 칼뱅은 성경에 의존하고 호소하여 일반은총과 특별은총 사이에, 그리고 온 창조 세계에서의 성령님의 사역과 신자들에게만 속한 성화의 사역 사이에, 구분점을 도출했습니다.[22] 하나님께서는 죄가 그 파괴적인 일을 행하도록 방치하지 않으셨습니다. 그분은 목적을 두고 창조하셨고, 타락 후에도 계속 그러하셨습니다. 그분은 죄와 창조 사이에 일반은총, 즉 진정으로 새로워지지는 않지만 제약하거나 강제해주는 은혜를 끼워 넣으셨습니다.[23] 선하고 진실한 모든 것이 이 은혜 안에서 출발합니다. 이는 심지어 타락한 인간에게서 나타나는 선함도 마찬가지입니다. 빛은 여전히 어둠 속에서도 빛납니다. 하나님의 영은 그들이 거할 처소도 주시며, 모든 피조물 가운데서 일하십니다.[24]

결과적으로, 인간 안에는 하나님 형상의 흔적이 여전히 어느 정도 남아 있습니다.[25] 오성과 이성이 여전히 있으며, 인간 안

---

21) Instit. II. 2. 12, 15.

22) Instit. II. 2. 6, 16, 17, 20.

23) Instit. II. 3. 3. 4.

24) Instit. II. 2. 12. Comm. op John. 1:9.

25) Instit. II. 2. 17.

에는 모든 종류의 자연적 은사들이 있습니다.[26] 인간 안에는 종교의 씨앗으로서 신성에 대한 인상이라는 하나의 감각이 거합니다.[27] 이성은 하나님의 귀한 선물이며,[28] 철학은 하나님의 훌륭한 선물(praeclarum Dei donum)입니다.[29] 음악 역시 하나님의 선물입니다. 예술과 학문은 선하며 실용적이며 훌륭한 가치입니다. 국가는 하나님의 기관입니다.[30] 인생의 재화는 엄밀히 말해서 단지 인간의 욕구를 충족시키는 용도만이 아닌, 삶을 쾌적하게 하는 역할도 합니다. 즉, 단지 필요를 위한 것(ad necessitatem)일뿐 아니라 기쁨을 위한 것(ad oblectamentum)이기도 합니다.[31] 인간은 여전히 진리와 바름과 그름에 대한 감각을 가집니다. 우리는 부모와 자녀를 묶어주는 자연적인 사랑을 압니다.[32] 이 땅의 삶에 관한 일에서 인간은 여전히 어느 정도 선을 이룰 수 있습니다.[33] 칼뱅이 제네바에서 행했던 엄정한 권징에도 불구하고 그는 감사함

---

26) Instit. II. 2. 12.

27) Instit. I. 3. 1-3, I. 4. 1, II. 2. 18.

28) Instit. II. 2. 25. Comm. op 1 Cor. 1:20. Ct. Kuyper, Encycl. I. 130.

29) Opera, ed. Amst. IX. B. 50.

30) Lobstein, *Die Ethik Calvins*, (1877), S. 107-115에 인용된 것들을 보라.

31) Instit. III. 10. 2.

32) Instit. II. 2. 12.

33) Instit. II. 2. 13, 14.

으로 이러한 사실을 주저 없이 인정했습니다. 칼뱅은 자기 의지에 반하여 선택의 여지가 없는 것처럼 질질 끌려오듯 하지 않았습니다. 확실히 그는 적극적으로 이 사실을 인정했으며, 누구 못지않게 진심 어린 감사를 표현했습니다. 빛의 아버지께서 주시는 이런 선하고 완전한 선물을 충분히 인정하지 않았더라면, 그는 성경에 반대했다는 배은망덕의 죄책감에 사로잡혔을 것입니다.

이는 모든 참된 종교개혁자들의 건전한 입장이었습니다. 물론 그들은 이 점에 있어서 칼뱅의 사상보다 더 나아가지 않았습니다. 예를 들어 잔키우스(Zanchius)는 칼뱅의 기독교 강요에서 그 부분에 관한 장을 베끼는 것 이상으로 더 나아가지 않았습니다.[34] 교의학에서 종교개혁자들의 저작은 일반은총에 대해 특정한 부분을 할당하지는 않았습니다. 그러나 하나님의 형상(imago Dei)의 상실에 대하여, 행위 언약의 파기에 관하여, 이교도의 덕에 관하여, 세속 정부의 권위 등과 같은 가르침에서, 칼뱅의 발자취가 계속 나타납니다. 일반은총의 교리에서 개혁파는 한 편으로는 기독교의 유일하고 절대적인 특징을 견지했으나, 다른 한 편으로는 하나님께서 죄인에게 아름다움과 가치를 계속해서 부여하시는 모든 것을 인정하는 데에 앞장섰습니다. 그로 인해 종교개혁자들은

---

34)   Opera, VIII col. 646 sq.

죄의 심각함과 자연의 정당함 모두를 인정했습니다. 결과적으로 종교개혁자들은 펠라기우스주의 뿐만 아니라 경건주의와도 거리를 두었습니다.

그러나 종교개혁자들이 여전히 막을 수 없었던 게 있습니다. 종교개혁이 재세례파와 소키누스파의 형태와 **함께** 발생했다는 편파적인 시각이 계속해서 번져갔습니다. 우리는 이 두 운동이 개신교나 개혁파라는 이름으로 자신을 지칭할 자격이 있는지 되물어야만 합니다. 재세례파와 소키누스파는 공식적으로 그리고 명백하게 – 부정적으로 말하자면 – 로마교에 저항한 자들에 속하기는 했습니다. 그러나 실질적으로, 원리적으로, 적극적으로 말하자면, 그들의 이원론은 자신을 종교개혁자들보다 훨씬 더 로마교와 가깝게 둡니다.[35] 재세례파와 소키누스파는 종교개혁과 함께 일어난 새 시대의 자녀라기보다 중세의 자녀에 훨씬 더 가깝습니다. 그들은 로마 가톨릭주의에 오랫동안 나타났던 경향성과 방향성의 연속입니다. 그들의 영적 아버지 자체가 로마의 자녀들이었습니다. 라일리우스 소키누스(Laelius Socinus)와 파우스투스 소키누스(Faustus Socinus)는 이탈리아 출신이었습니다. 불신과 무관심과 무신론이 종교개혁 이전에 거기에 오랫동안 존재했으며, 상당

---

35) Fock, *Der Socinianismus*, (Kiel, 1847), S. 97 f.

헤르만 바빙크의 일반은총

한 기반을 갖추었습니다. 르네상스는 교회와 기독교를 공격하기에 딱 좋은 무기를 제공했습니다. 신앙, 삼위일체, 성육신과 속죄의 신비는 이미 오랫동안 날카로운 비평의 대상이 되어왔습니다. 특히 법학계에서 유력한 유명 가문 출신인 라일리우스(Laelius)는 베니스에서 그러한 비평으로 유명해졌습니다. 후에 파우스투스(Faustus)는 그의 삼촌의 영향을 철저히 받았습니다. 소키누스파는 대중적인 종교적 운동이라기보다는 귀족적이며 지성적인 운동에 훨씬 더 가까웠기에, 인문주의 교육을 받은 폴란드의 귀족들에게 특히 영향을 끼친 바 있습니다.

마찬가지로 재세례파는 중세의 종교적 운동과 현상에 명백한 유사성을 보입니다. 리츨(Ritschl)은 전적으로 중세에 호소하여 재세례파를 프란치스코 종단(Franciscan order)의 부흥으로 간주하는데, 이것은 너무 많이 나간 관점이겠습니다.[36] 그러나 재세례파의 몇몇 특징이 초기에 몇몇 종단들(orders) 사이에서 발견된다는 점은 여전히 주의할 점입니다. 산상수훈의 문자적 해석, 맹세의 금지, 천년왕국주의, 계시들에 대한 호소, 현실 도피와 같은 것들은 종교개혁의 것이 아니고, 중세 가톨릭으로부터 파생된 것입니다.

---

36) Ritschl, *Geschichte des Pietismus*, (1880), I, 22 f.

소키누스파와 재세례파는 둘 다 가톨릭 체계 속의 어떤 측면과 충돌합니다. 초대 시대에 네스토리우스파와 단성론자가 같은 원리로부터 상반되는 결론을 끌어냈듯이, 소키누스파와 재세례파들도 마찬가지로 기본 원리를 바탕으로 하였으나 상반되는 입장으로 나아갔습니다. 양측 모두 자연적이며 초자연적인 것을 조화시킬 가능성을 거부하는데 이는 인간적인 것과 신적인 것을 대립시키는 데서 비롯된 것입니다. 소키누스파는 초자연적 질서(ordo supernaturalis)를 훼손하는 반면, 재세례파는 자연적 질서(ordo naturalis)를 훼손합니다. 전자는 삼위일체, 성육신, 속죄 등 신앙의 중심이 되는 신비들을 비판했습니다. 후자는 로마교조차 인정하는, 이를테면 가족, 국가, 사회적 일 등의 자연적인 질서와 그들 자신을 대립시켰습니다.

소키누스파는 특별은총(gratia specialis)을 오해했고, 자연 외에는 아무것도 없다는 견해를 가졌습니다. 반면 재세례파는 일반은총(gratia communis)를 업신여겨, 은혜 외에는 아무것도 없다고 여겼습니다. 이렇게 되면 그리스도는 진정한 하나님이 아니거나, 반대로 진정한 인간이 아니게 됩니다. 소키누스파는 기독교의 독특성을 잃었고, 자연 종교(religio naturalis) 외에는 인정하지 않았습니다. 인간은 타락 이후에도 여전히 통치권을 가지고 있으며, 하나님의 형상(imago Dei)을 상실하지 않았습니다. 원죄도 존재하지 않습니다. 그리스도는 본질적으로 새로운 어떤 것도 더하지 않았습니다. 그의 계명을 지키는 자들은 그 보상으로 불멸을 얻습니다. 이렇듯 점진적으로 자연 종교(religio naturalis)는 초자연 종교(religio supernaturalis)를 완전히 빼앗는 데에까지 나아갑니다.

대조적으로, 재세례파는 다음과 같이 창조를 모욕합니다. 아담은 땅에서 육적으로 났는데, 그러한 자연 질서는 부정한 것이었습니다. 그러나 하늘로부터 내려와 인성을 취한 그리스도는 부활에서 새롭고 영적이고 신적인 실체를 주입받았습니다. 그래서 거듭난 인간은 완전히 새롭고 다른 존재가 되었기에 불신자들과 어떠한 관계도 가지면 안 됩니다. 결과적으로 재세례파는 맹세, 전쟁, 공권력, 사형제도, 세속적인 복식과 생활양식, 불신 결혼, 유아 세례 등을 거절했습니다. 초자연적 질서가 모든 자연적 질서를 몰아냈습니다.

따라서 한 집단은 세상을 따르고, 다른 집단은 현실 도피에 빠졌습니다. 두 집단 모두 종교개혁자들이 충분히 더 나아가지 못했다고 양쪽에서 비난했습니다. 소키누스파는 종교개혁가들이 로마교의 교리를 급진적으로 비판하지 않았다며 불평했고, 재세례파는 종교개혁가들이 로마교의 관습을 급진적으로 충분히 비판하지 않기에 속았다고 느꼈습니다. 그래서, 극단적인 경우, 그 두 운동은 합리적 요소와 초자연적 요소의 **놀라운** 혼합으로 거듭 귀결되었습니다.

이러한 두 줄기는 종교개혁의 교회 곁에 자신의 자리를 차지하는 데 성공했을 뿐만 아니라, 그들의 개신교회 안에서 엄청난 영향을 행사했습니다. 네덜란드에서 소키누스파는 항변파를 통해 기초를 다지는 데 성공했으며, 스피노자(Spinoza)라는 인물은 영국의 이신론에 영향을 미쳤고, 데카르트(Descartes)라는 인물은 독일과 네덜란드의 합리주의에 영향을 미쳤습니다. 소키누스파는 합리주의뿐만 아니라 초자연주의의 요람이었습니다.[37]

마찬가지로, 메노나이트파(Mennonites)뿐만 아니라 대륙의 라바디파(Labadism), 경건주의자, 모라비안 형제회(Moravian Brethren), 영국과 미국의 독립교회파(Independentist), 침례파(Baptist), 퀘이커교도(Quakers), 감리교도 사이에서도 재세례파의 영향은 발견됩니다. 이러한 모든 운동에서 일반은총 교리는 오해되거나 거부되었습니다. 심지어 원래의 개혁파 교회들 자신에게서도 개혁파 원리는 자주 한 면이나 다른 면으로 약화되거나 쉽게 더럽혀졌습니다. 합리주의는 그 이름으로는 정복되어 왔으나, 사실상 극복되었다고 말할 수 없습니다. 역시나, 경건주의 모임들에서 옛 재세례파를 상기시키는 여러 특징들이 계속 나타났습니다. 축자적 성경을 무시하고 성령님의 내적 조명을 더 높이며, 말

---

37) Strauss, *Glaubenslehre*, I, 56.

씀 사역자의 직분을 폄훼하고 즉흥적이고 교훈적인 담화들을 더 선호하며, 하나님께서 객관적으로 제정하신 교회와 언약과 성례와 직분을 얕보고 독립된 공동체를 더 선호하며, 예술, 학문, 과학, 문화 그리고 모든 지상적인 삶을 거부하고, 가정과 사업과 국가에서 우리에게 주어진 소명을 무시하는 것입니다. 이 모든 것은 건전한 개혁주의의 열매들이 아니라 불건전한 재세례파의 전통에서 비롯된 것입니다.

그러나 이러한 경향은 기독교 집단 내에 국한되지 않습니다. 기독교를 급진적으로 무너뜨리는 이러한 자들 사이에서 우리는 본질적으로 동일한 양상과 경향을 발견합니다. 이생이든 다음 생이든 인류가 그 종착지를 거부하면서 결코 처벌받지 않고 빠져나올 수는 없는 것입니다. 얼마 전까지만 하더라도 인간의 번영과 안녕은 오로지 땅의 착취와 지배뿐이었습니다. 세속화는 그 시대의 표어였습니다. 인간을 영원으로 묶는 속박은 끊어졌고, 인간을 위한 낙원이 이 땅에 건설됩니다. 하나님과 종교는 적어도 초자연적 의미에서 **인류의 적**이었습니다. "자연적인 것이 초월적이고 신적인 것이 되었다."[38] 자연이 곧 신이 되었습니다. 예술, 학문, 과학과 산업은 예배와 경배를 받는 신이었습니다. 문화는 제의를

---

38)   영역주: 원문은 "Le surnaturel serait le surdivin."로 나오지만, "Le naturel serait le surdivin."로 읽어야 한다. 역자주: 화란어 원문에 오류가 있음을 영역본에서 지적하고 있다.

불필요한 것으로 만들었습니다. 인간성이 기독교를 대체했고, 위생학(衛生學)이 도덕성을 폐지했습니다. 교회가 발전하여 극장이 되었으며, 레싱(Lessing)의 "나단(Nathan)"이 성경을 대체하기에 더 적합했습니다. 하나님의 성육신 교리는 인간의 신격화 교리로 뒤바뀜 당했습니다.

우리 시대는 아직 끝나지 않았습니다. 모든 곳에서 이미 대조점이 발견됩니다. 한쪽 측면에서 우리는 고통과 슬픔을 보지만, 다른 측면에서 문화는 질릴 정도로 폭식을 하고 있습니다. 문화를 한껏 누리겠노라는 인류의 큰 희망은 무너졌습니다. 소망은 절망과 의심으로 바뀌어 왔습니다. 낙관주의는 비관주의에 항복해 왔습니다. 이전에는 사람들이 인간 본성의 고결함에 대해 떠들어댔고, 심지어 호텐토트인(Hottentots)과 푸에고인(Fuegians)들의 생활 방식에조차 감탄했었습니다. 오늘날 사람들은 가장 문명화된 문화 시민(Kulturmensch)에게 존재하는 야수적 인간(la bete humaine) [the human animal][39]에 대해서 점점 더 자주, 자조적으로 말하고 있습니다.

이전에 그 아름다움을 칭송받고 성전으로 숭상되던 자연은 혼란과 충격으로 가득 찬 우울한 무대가 되었습니다. 자연의 극심

---

39)   편집자주: 당대의 유명 작가 에밀 졸라가 쓴 스릴러 소설의 제목이기도 하다.

한 요소와 위협적인 힘은 인간의 삶 자체를 위험에 빠뜨립니다. 세계는 더 나빠질 수가 없습니다. 세계는 선하며 지혜로운 최고 존재의 사역이 아니라 이제 눈먼 운명과 제멋대로인 우연의 산물일 뿐이기 때문입니다. 사람들이 한때 모든 것을 기대했던 예술과 학문은 이제 뭐라 말하기 어렵도록 빈곤해 보이고, 그들의 도움과 위로를 구하며 갈급해하던 그 자리에서 어쩔 줄 몰라하며 서 있습니다. 생명과 운명은 모두 다 신비입니다. 과학은 한계를 맞이했고 우리의 지식은 유한하며 경험에 제한되므로, 이제 가치 있는 것은 이성이 아니라 상상력입니다. '열정이 이성을 대체하게 하라, 느낌이 전부이며 지성은 아무것도 아니다, 의지의 능력은 헛되니 행동은 평화와 체념에 양보해야 한다, 명상은 삶의 행위보다 더 큰 가치가 있다, 이런 방식으로만 미지의 세계는 그 비밀을 우리에게 밝힐 것이다! …' 몇 해 전까지만 해도 인간은 기적과 천사와 모든 초자연적인 것을 비웃었습니다. 그러나 지금은 어떻습니까. 다들 찾아서 떠나기는 하지만 아무도 되돌아오지는 않는 미지의 땅에 이르기 위해, 심령주의, 불교, 최면술, 신지학 등 어떤 수단이든지 동원되고 있습니다. 신비하며 깜깜하고 알지 못하는 것이 놀라운 영향을 줍니다. 날마다 이교적 미신은 불신자 사이에서 영향력을 키워갑니다. 미신이 채 자리를 잡기도 전에 벌써 신앙은 거의 버려진 것과 마찬가지입니다. 신비주의가 왕관을 훔치려고 하기도 전에 합리주의는 거의 끝장난 것과 마찬가지입니다.

그리고 우리 세기의 끝에 이르러, 신격화와 인간의 폄하와 자연의 숭배와 훼손은 희한하게도 한 편이 되었습니다. 모든 균형은 깨졌고, 삶의 조화는 무너졌습니다.

4. 일반은총은 우리에게 대단히 중요한 의미가 있다.

바로 여기서 우리 시대를 위한 일반은총 교리의 중요성이 분명해집니다. 진지한 질문들의 바탕은 결국 같은 문제입니다. 신앙과 지식, 신학과 철학, 권위와 이성, 머리와 심장, 기독교와 인본주의, 종교와 문화, 하늘의 소명과 땅의 소명, 종교와 도덕, 명상적인 삶과 활동적인 삶, 안식일과 근무일, 교회와 국가의 관계가 그것입니다. 이런 모든 질문이 창조와 재창조 사이, 아버지의 사역과 아들의 사역 사이의 관계에 따라 달라집니다. 심지어 단순하고 평범한 인간조차도 땅과 하늘의 소명 사이에 존재하는 긴장을 느낄 때마다 이 몸부림에 휩싸일 것입니다.

그러므로 이런 섬세하고 복잡한 문제가 여전히 풀리지 않은 채 남아있으며 아무도 이 체계에서 완벽하게 조화로운 답을 내지 못했음은 놀랍지 않습니다. 모든 인간과 모든 운동은 여기서 많든 적든 어느 한쪽에 치우치는 잘못을 저질렀습니다. 인생은 세속적인 것과 현실 도피 사이에서 앞뒤로 계속 흔들립니다. 머리와

　　　　　　　　　　　　　　헤르만 바빙크의 일반은총

심장은 고통스럽게 주도권을 두고 씨름합니다. 모든 인간의 마음 속에는 어느 정도 유대인과 헬라인이 있다고들 말합니다. 이 인생에서 우리가 하나님의 자녀로서 자유롭고 편하게만 살아간다면 인생은 괜찮을 것입니다. 이렇게 반율법주의에는 무언가 강력한 매력이 있습니다. 어떤 의무의 범주를 강요받지 않고 본능적으로 자연스럽게 선을 행하는 것은, 우리의 자유로운 행동을 제약하는 금지 명령을 지속적으로 떠올리는 것보다 확실히 더 영광스러울 것입니다. 왜 비범함과 직관과 자발성의 자유로운 도피가 율법의 족쇄로 영원히 구속되어야만 할까요? 율법과 은혜, 자유와 권위는 서로에게 무엇을 해야만 할까요? 낭만주의와 고전주의 사이에 어떠한 관계가 존재하는 것일까요? 그럼에도 불구하고, 이렇게 예술과 학문, 종교와 도덕에서 여전히 반율법주의를 꿈꾸던 인간은, 이제 환멸의 충격 속에 깨어났습니다. 자연과 은혜는 모두 필요하며, 어느 것 하나도 거부되거나 무시될 수 없었던 것입니다.

이 이원론은 절대적이든 상대적이든 엄청난 차이를 만듭니다. 로마교에서 이것이 압도적으로 드러납니다. 기독교 계시의 본질은 신비입니다. 이것은 이해될 수 없을 뿐만 아니라 이해하도록 허용되지도 않습니다. 로마교는 그 신비로 남은 것을 매우 소중하게 여기는데, 왜냐하면 로마교의 존재 자체가 서고 무너짐이 바로 거기에 달렸기 때문입니다. 바티칸 공의회는 계시를 절대적으로 필요한 것으로 선언했습니다. 하나님의 무한한 선하심으로 그 분께서는 인간이 범접할 수 없는 완전히 초월적인 천상의 축복에 참여하도록 그를 예정하셨기 때문입니다. 이는 "눈으로 보지 못하고 귀로 듣지 못하고 사람의 마음으로 생각하지도 못"한 것이었습니다[참고. 고전 2:9].[40] 로마교의 입장에서 자연과 은혜의 완전하고 진정한 화해는 불가능했습니다. 그러나 종교개혁은 이 관계를 다르게 보았는데, 특별한 계시의 본질을 신비가 아닌 은혜에서 찾았습니다. 그리스도 안에 있는 하나님의 은혜의 좋은 소식인 십자가의 복음은 자연적 인간이 범접할 수 있는 것 너머의 신비이자 영적 인간으로서만 이해되는 신비입니다.

종교개혁에 따르면, 초자연적인 것(supra naturam)은 삼위일체, 성육신, 속죄 그 자체에 대한 형이상학적 교리가 아니었습니다. 오히려 이 모든 것을 은혜라 불렀습니다. 종교개혁자들이 신학으로부터 형이상학을 추방하려 하지 않았습니다. 리츨(Ritschl)에 의해 제시된 그 두 가지 분리는 실질적으로 실현 불가능한 일이었습니다. 자기 안에 갇힌, 혹은 자기 자신을 위한 형이상학적 교리는, 우리 기독교 신앙의 내용이나 대상과 거의 무관합니다.

루터와 멜란히톤(Melanchthon) 뿐만 아니라[41] 칼뱅도 '하나님은 어떤 분이신가'(quid sit Deus)를 묻는 것을 쓸모없는 것으

---

40) Sess. III. *Constit. dogm. de fide cathol.* cap. 2.

41) Ritschl, *Theologie und Metaphysik*, S. 52 f

헤르만 바빙크의 일반은총

로 보았습니다. 다만 우리 몫의 주안점은 "그 분께서 어떤 속성을 지니시며, 그의 본성에 속한 것이 무엇인가"를 아는 것이었습니다.[42][43] 그리스도의 인격과 그분의 은혜와 진리의 충만함은 기독교만의 새롭고 특별한 것입니다. 교회의 구원은 그리스도의 인격 외에 다른 어떤 근거도 없습니다.[44] 이 문제는 엄밀히 말해서 **자연적**이며 **영적이지 않은** 인간에 대한 **초자연적**이며(supra naturam) **초이성적**인(supra rationem) 것입니다. 이방인이 알지도 못하고 알 수도 없었던 것은 "우리를 향한 하나님의 자비의 확신"이었습니다.[45] 어떤 인간의 이해도 "참된 하나님이 누구이시며 얼마나 그분께서 우리에게 오시고자 원하시는지"에 닿을 수 없었습니다.[46][47] 예수께서 죄인과 세리를 받아들이신 것은 유대인을 분노케 했습니다. 하나님께서 은혜로 죄인을 기꺼이 용서하심은, 자신의 노력만을 미덕으로 간주하는 헬라인과 로마인에게 어리석

---

42) 영역주: "Qualis sit et quid eius naturae conveniat."

43) Instit. I. 2. 2, I. 5. 9. Comm. op Rom. 1:19. Cf. Ritschl, t. a. p. s. 60 f.

44) Instit. II. 6. 2: "다만 제가 말하는 것은 이것입니다. 교회의 복되고 행복한 상태는 항상 그리스도의 인격에 기초해야 한다는 것입니다(hoc tantum dico, beatum et felicem ecclesiae statum semper in Christi persona esse fundatum)."

45) 영역주: "Divinae erga nos benevolentiae certitudo."

46) 영역주: "Quis sit verus Deus qualisve erga nos esse velit."

47) Instit. II. 2. 10.

은 것이었습니다.[48]

로마 가톨릭주의는 기독교의 본질을 인간 스스로는 결코 찾
을 수 없는 진리의 계시에 둡니다. 그래서 특별히 삼위일체, 성육
신 그리고 속죄는 소위 암묵적인 신앙(fides implicita) [implicit faith]
이라 하여, 그가 천국의 복락에 참여하려면 최소한의 정보에도
불구하고 받아들여야만 하는 교리였습니다. 그러나 개혁주의 신
학자는 이러한 모든 초자연적인 진리가 타락 전 아담에게 본질적
으로 알려졌으며, 그 진리가 하나님의 형상이 담고 있는 것의 일
부이며, 결과적으로 인간의 존재에 속하는 것이라는 점에서 **자연
적인** 것임을 밝히고자 했습니다. 종교개혁자들은 삼위일체가 이
미 첫 사람에게 알려졌다고 했습니다. 성자는 – 비록 속죄로서가
아니라 교제의 차원이었기는 했지만 – 타락 이전에도 역시 중보
자였습니다. 더 나아가 아담과 심지어 그리스도 자신조차도 보이
는 대로가 아니라 신앙에 따라 행하였습니다. 다른 한 편으로, 개
혁파는 타락 이후에 인간이 자연으로부터 순수하며 더럽혀지지
않은 그 어떤 종교적이거나 윤리적인 교리도 파생될 수 없음을 가
르쳤습니다. 자연 신학(theologia naturalis) [natural theology]은 없습
니다. 죄인이 자연으로부터 삼위일체와 성육신을 도출할 수 없을

---

48)   예를 들자면 다음을 보라: Celsus, Orig. C. cels. III. §58 sq

뿐만 아니라, 그는 하나님의 하나 되심, 그분의 존재, 그분의 속성들에 있어서 하나님을 아는 데까지 결코 이를 수 없습니다. 또한 죄인은 본성상 하나님의 계시를 오해하며, 불의로 진리를 억압합니다(롬 1:18).

그러므로 타락 이후 계시는 어떤 초자연적 진리를 인간에게 연관시킬 필요가 없었으며, 그렇더라도 인간에게 알려지지 않은 채 남아있을 것입니다. 타락 이전의 계시에 추가되거나 완성되는 것도 없었습니다. 변화는 계시 **안에** 있었습니다. 모든 종류의 초자연적 진리에 대한 지식이 죄악된 인간의 상태에서 그를 위해 주어진다 한들 무슨 유익이 있겠습니까? 그가 알아야 할 것은 이것이니, 곧 죄를 지은 인간에게 하나님께서 은혜의 하나님이 되신다는 것입니다. 계시의 변화란 이것입니다. 타락 이후에 그분의 계시는 인간의 죄악된 상태로 인하여 다른 형태를 취합니다. 그것은 전적으로 하나님의 은혜로부터 흘러나옵니다. 이것이 계시의 원리, 곧 제일원리(principium)입니다. 이제 이 은혜의 원리는 인간이 특별 계시로부터 혹은 자연으로부터 얻었었을 모든 지식을, 말하자면 양도받거나 지배하기 시작합니다. 이 은혜는 우리에게 삼위일체, 성육신, 속죄뿐만 아니라 하나님의 유일성, 존재 그리고 속성을 계시합니다. 은혜는 또한 하나님의 전지전능함과 편재성, 영원성에 있어서 우리가 그분을 올바로 알도록 가르칩니다. 은혜는 인간에게 참된 빛을 비추어 자신의 근원과 목적을 드러냅니다. 은혜는 우리의 모든 종교적, 윤리적 지식에 대한 유일한 원리입니다. 죄 이전에 인간이 자연으로부터 또한 계시로부터 얻었었을 그 모든 지식은, 이제 구원론적으로 변화됩니다. 이는 그리스도 안에서 집약되고 은혜의 사역 안에서 기능합니다. 엘로힘이셨던 그분께서 자신을 계시하시며, 그분 자신을 여호와로 알리십니다. 교제의 중보자셨던 성자께서 속죄의 중보자가 되십니다. 성령은 내주하시는 영이셨습니다. 이제 그분께서는 확신과 위로의 영이 되십니다. 일반 믿음(fides generalis) [general faith]으로서 믿음은 아담 안에서 이미 나타났었습니다. 이제 이 믿음은 특별 믿음(fides specialis) [special faith]이 되어 그리스도 안에서 하나님의 은혜를 믿게 하며, 그럼으로써 칭의의 수단이자 구원의 방식이 되는 것입니다.

복음에 대한 적개심은 복음의 초자연적인 겉모습을 겨냥하는 듯하지만 궁극적으로는 그 실질적인 내용을 겨냥하는 것입니다. 인간의 지성이 죄로 말미암아 어두워지지 않았다면, 인간 지성은 기적들 그 자체를 행하는 것에도 아무런 거리낌이 없었을 것입니다. 기적 그 자체는 우리의 본성이나 창조의 본성과 전혀 충돌하지 않습니다. 기적은 말하자면 인간의 존재에 속하는 것입니다. 모든 인간은 본성상 초자연주의자입니다. 무신론처럼 자연주의 역시 철학의 발명품이지만, 이는 인간 본성으로부터 전혀 지지받지 못합니다. 종교가 계속 인간의 본질에 속하는 한, 인간도 초자연주의자로 존재합니다. 초자연주의가 없는 종교라는 것은 없기 때문입니다. 어떤 교파이든 간에 모든 신자는 비록 자기 머리로 자연주의자라 생각할지라도 그 마음은 여전히 초자연주의자인 셈입니다. 기도로부터, 하나님과의 교제로부터, 혹은 일반 종교로부터 초자연적인 것을 완전히 지우려고 시도하는 자는 누구든, 자기 내면의 고상함과 최선의 것을 죽이고 있는 셈입니다. 그러므로 그리스도 안에서 하나님의 계시에 대한 적개심은 결국 언제나 도덕적인 성격이며, 적개심만 있을 뿐인, 즉 죄와 불신인 것입니다. 우매함은 사람의 마음으로부터 나옵니다(막 7:22). 은혜로 말미암아 구원받고 그 은택으로 살아가는 것보다 사람에게 더 어려운 것은 없습니다. 이것이야말로 사람의 이성과 능력과 본성을 아득히 초월합니다.

그리스도 안에 있는 계시가 원래 계시의 변경일 뿐이라고 한다면, 그것은 자연히 단지 임시적이거나 일시적인 성격만 가질 뿐입니다. 계시는 절대적으로가 아니라 우연적으로만 필요합니다. 계시는 오직 죄 때문에 필요하게 되었습니다. 죄는 우연적이며 사물의 본질에 속하지 않습니다. 은혜 언약은, 그 모든 나누어진 계시의 시대 중에서, 사라질 것으로 작정되었습니다. 그 나누어진 계시의 다양한 시대가 이미 과거가 되었습니다. 율법 이전과 율법 아래에서 이 모든 것이 왔다가 사라졌습니다. 역시, 우리가 신약이라 부르거나 교회의 시대라 부르며 사는 이 시대 또한 결국 끝이 있을 것입니다. 기독교 종교는 일시적입니다. 구원의 종교(Erlösungsreligion) [religion of salvation]로서 기독교는 어느 날 그 작업을 완수할 것입니다. 하나님의 나라가 완전히 도래할 때, 그리스도께서는 하나님 아버지께 기독교를 넘겨주실 것입니다. 원래의 질서가 회복될 것입니다. 그러나 이는 마치 아무 일도 지금까지 일어나지 않았던 것처럼, 마치 죄가 있지도 않았고, 그리스도 안에서 하나님의 은혜가 계시된 적도 없었던 것처럼 그렇게 자연스럽게 되지는 않을 것입니다. 그리스도께서는 죄가 훔친 것보다 훨씬 더 많은 것을 주십니다. 은혜는 더욱 더 풍성해졌습니다. 그분은 우리를 단지 아담의 완전성(status integritatis) [state of righteousness]으로 회복시키시는 것이 아닙니다. 그는 우리를 믿음으로 말미암아 **죄 지을 수 없는 상태**(non posse peccare) [being unable to sin] (요일 3:9)와 **죽을 수도 없는 상태**(non posse mori) [being unable to die] (요일 3:9)에 참여하는 자로 만드십니다. 아담이 죄로 인해 잃었던 지위를 다시 받는 것이 아닙니다. 첫 사람은 땅에서 났으니 흙에 속한 자이거니와, 둘째 사람은 하늘에서 나신 주님이십니다. '우리가 흙에 속한 자의 형상을 입은 것같이, 부활 이후 우리는 하늘에 속한 이의 형상을 입으리라(고전 15:45-49).' 새 노래가 천국에서 불릴 것이나(계 5:9), 창조의 원래 질서는 적어도 자연과 은혜의 모든 구분이 단번에 사라질 정도까지 남아 있을 것입니다. 이원론은 그칠 것입니다. 은혜는 자연의 바깥 또

헤르만 바빙크의 일반은총

는 위 또는 옆에 머물지 않고, 오히려 스며들어 완전히 새롭게 할 것입니다. 따라서 은혜로 다시 태어난 자연은 최고의 계시를 받게 될 것입니다. 그러면 우리는 강요되거나 두려움 없이, 그저 사랑으로, 그리고 우리의 참된 본성으로 조화롭게 하나님을 자유롭고 행복하게 섬기는 상황으로 다시 돌아갈 것입니다. 그것이 진정한 자연 종교(religio naturalis) [natural religion]입니다. 그런 종교를 회복하기 위해서, 믿음은 한동안 그리스도의 종교(religio Christiana)인 구원의 종교(Erlösungsreligion) [Christian religion, a religion of salvation]가 되어야 했습니다.[49]

　자연과 은혜를 연관시키는 이런 유기적인 방식으로, 종교개혁은 원리상 가톨릭 교회의 기계적 평행체계와 이원론적 세계관을 극복했습니다. 그러면서 우주[50]의 중요성도 크게 올라갔습니다. 우주는 기독교 종교가 은혜 언약으로 회복시키고자 한 일차적이며, 원형적이며, 자연적인 상태를 여전히 보여줍니다. 세상이 죄로 인해 부패한 것은 사실이지만, 그럼에도 불구하고 천지의 창조자이신 아버지의 사역이 남아있습니다. 그는 자신의 뜻에 따라, 자신의 언약으로 세상을 유지하시며, 그의 은혜의 공동체로 죄의 파괴적인 힘에 강력히 저항하십니다. 그분은 인간의 마음을 양식

---

49)　다음과 비교하라: Kuyper, *Encycl. der H. Godg.* II. 318-330.

50)　편집자주: Cosmos 또는 온 세상.

과 기쁨으로 채우시며, 인간을 보증인 없이 내버려 두지 않으십니다. 그는 인간에게 헤아릴 수 없는 은사와 유익을 부어주십니다. 가족, 인종, 인간은 그분께서 자연적인 사랑과 애정으로 함께 묶으신 것들입니다. 그는 사회와 국가를 일으키셔서 시민들이 평화롭고 안전하게 살아가도록 허락하십니다. 그는 부귀와 행복을 인간에게 주셔서 예술과 학문이 번성할 수 있게 하십니다. 그리고 자연과 역사에 대한 그분의 계시를 통해 인간의 마음과 양심을 보이지 않는 초감각적인 세계로 묶으시며, 인간 안에서 경배와 도덕의 감정을 일으키십니다.

자연과 사회의 풍성한 삶 전부가 하나님의 일반은총 덕분에 존재합니다. 그런데 왜 그분은 그분의 은혜의 특별한 행위로 말미암아 그토록 죄악된 세상을 계속해서 보존하셔야만 합니까? 왜 그분은 그의 은사들을 낭비하실까요? 목적도 없이 행하시는 것일까요? 죄의 부패에도 불구하고 자연적 삶이, 곧 그분의 눈에 보이는 모든 모습이 가치가 있기 때문이 아니었을까요? 가족과 친척의 사랑, 사회와 정치적 삶, 예술과 학문은 모두 그 자체로 그분의 신적인 선하신 뜻의 대상들입니다. 그는 또한 그분의 손으로 이루신 이러한 사역 속에서 기뻐하십니다. 그 대상들 모두는, 존재의 겉 형식으로서가 아니라 그 본질적 측면에서, 하나님께서 창조 때에 존재로 부르셨고, 죄가 있음에도 불구하고 여전히 보존하고 유지하신 원래의 질서를 이룹니다. 이러한 창조의 신적 질서에

헤르만 바빙크의 일반은총

대한 모욕은 그러므로 불법적입니다. 이는 경험에 반하며, 성경과 충돌합니다. 여기에서 모든 분리주의나 금욕주의는 그 뿌리를 뽑힙니다. 모든 현실 도피는 우리 사도신경의 첫 번째 조항을 부인하는 것이 됩니다. 그리스도께서는 마귀의 사역을 멸하러 오셨습니다. 그러나 그보다도 그분은 아버지의 사역을 회복시키고, 그렇게 해서 처음 창조된 인간의 형상을 따라 다시 인간을 새롭게 하려고 오셨습니다.

이렇게 함으로써 우리는 죄의 심각한 특징을 거부하지 않았습니다. 죄는 확실히 실체가 아니라 특성이며, 물질(materia) [matter]이 아니라 형식(forma) [form]입니다. 죄는 사물의 본질이 아니라 오히려 본질에 붙어있는 것입니다. 이는 [선의] 결핍[51](privatio)이자, 비록 능동적(actuosa) [active]이지만 다소 우연적이며, 죽음처럼 외부에서 침투한 것입니다. 그래서 죄는 실재로부터 분리되고 지워질 수 있습니다. 그래서 세상은 정화와 구속의 여지가 있는 채로 아직 남아있습니다. 그 본질은 구조될 수 있고, 원래 상태로 돌아갈 수 있습니다. 그럼에도 불구하고 죄는 창조된

---

51) "악이란 선의 결핍(privationem boni)으로서 그 자체는 존재하지 않는 것." 어거스틴, 『성 어거스틴의 고백록』, 선한용 역 (서울: 대한기독교서회, 2012), 106; Augustine of Hippo, St. Augustine's Confessions, Vol. 1: Latin Text, ed. T. E. Page and W. H. D. Rouse, trans. William Watts, The Loeb Classical Library (New York; London: The Macmillan Co.; William Heinemann, 1912), 120.

삶의 모든 형태로 깊이 침투하는 능력이자 원리입니다. 죄는 세상이라는 유기체 그 자체에 영향을 미쳐왔습니다. 죄 자체가 그저 내버려져 있었다면 (결국) 모든 것을 황폐케 하며 파괴했을 것입니다. 그러나 하나님께서 그분의 은혜와 언약을 죄와 세상 사이에 두셨습니다. 일반은총의 녹이고 부수는 힘으로 그분은 죄를 억제하십니다. 그러나 일반은총으로 충분하지 않습니다. 그것은 힘을 가하지만 바꾸는 것은 아닙니다. 일반은총은 제한하지만 정복하는 것은 아닙니다. 그것만으로는 불의함이 죄의 울타리를 거듭 돌파합니다. 세상을 구원하기 위해서, 그분께서 그리스도를 죽은 자 가운데서 다시 살리시고 하늘에서 그의 우편에 앉히셨을 때, 그가 그리스도 안에서 이루셨던 측량할 수 없는 능력의 크심보다, 그 분의 크신 힘의 역사하심보다 더 필요한 것은 없었습니다 (엡 1:19, 20). 세상을 구원하시기 위해서, 그분의 은혜의 충만함과 그분의 사랑의 전능함보다 더 요구되는 것은 없었습니다.

그러므로 기독교는 새로운 사물의 초자연적 질서를 만드는 작업을 하는 것이 아닙니다. 기독교는 로마교가 교회에서 의도했으며[52] 재세례파가 뮌스터에서 시도했던, 완전히 새로운 천상적 왕국을 수립하고자 의도하지 않습니다. 기독교는 창조에 무슨 본

---

52) 역자주: 로마 가톨릭의 초자연 종교에 의한 구원은 현실에서 도피하여 자연적 삶을 없애면서, 초자연적 삶을 통한 구원을 추구했다.

질적으로 낯선 요소를 도입하지 않습니다. 그것은 새로운 우주를 창조하기보다, 오히려 우주를 새롭게 합니다. 기독교는 죄로 오염되었던 것을 회복합니다. 기독교는 죄인을 구속하며, 아픈 자를 고치며, 상한 자를 치료합니다. 예수께서는 가난한 자에게 아름다운 소식을 전하시고, 마음이 상한 자를 고치시며, 포로된 자에게 자유를, 갇힌 자에게 놓임을 선포하시며, 슬픈 자를 위로하시러 성령을 받으사 아버지로부터 기름부음을 받으셨습니다(사 61:1, 2). 그분은 맹인을 보게 하시며, 못 걷는 사람을 걷게 하시며, 나병 환자를 깨끗케 하시며, 못 듣는 자를 듣게 하시며, 죽은 자를 살리시며, 가난한 자에게 복음을 전파하셨습니다(마 11:5). 예수님은 새로운 율법 제정자가 아니셨습니다. 그분은 정치인도, 시인도, 철학자도 아니셨습니다. 그 분은 구원자이신 예수님이십니다. 그러나 이는 로마 가톨릭, 루터파 혹은 재세례파가 말하는 좁은 의미에서가 아니라, 개혁파가 말하는 넓고 깊고 풍성한 의미에서의 온전하고 완벽한 구원자이셨습니다. 그리스도께서는 단지 인간의 종교적이며 윤리적인 삶을 회복하려 오셔서, 마치 삶의 남은 부분이 죄에 의해 부패하지도 않고 회복될 필요성이 전혀 없었던 것처럼 다 건드리지 않고 그냥 두려고 오신 것이 아니십니다. 오히려 아버지의 사랑과 아들의 은혜와 성령님의 교제가, 죄가 부패시켜 왔던 그 모든 곳까지 확장됩니다. 죄악과 죄책과 부정과 비참으로 가득한 모든 것은 그 자체로, 아니 바로 그 때문에, 모든 피조물에게 전파되어야 할 은혜의 복음의 대상인 것입니다.

그러므로 그리스도께서는 가정과 사회, 예술과 학문을 위한 말씀도 전하십니다. 자유주의는 말씀의 능력의 한계를 제한하여, 말씀의 왕국은 이 세계에 속한 것이 아니라고 선언하면서 마음과 더 내적인 곳에만 말씀을 전했습니다. 그러나 그 왕국은 이 세상으로부터 온 것이 아니며, 오히려 이 세상 안에서, 그리고 이 세상을 위해서 의도된 것입니다. 그리스도 안에서 우리에게 오신 하나님의 말씀은 모든 인간을 위한, 그 분의 이해와 그 분의 뜻을 위한, 그 분의 몸과 그 분의 영혼을 위한 자유와 회복의 말씀입니다. 죄가 세상에 들어왔다는 그 이유 때문에 "하나님이 세상을 이처럼 사랑하"셨습니다. 이 말씀은 너무도 자주 감당 못 할 부담으로 여겨져서 견딜 수가 없습니다. 로마교는 자연적인 것을 억압하고 억누르는 멍에를 만들어 왔습니다. 개신교도 이 점에서 떳떳하지 못합니다. 왜냐하면 개신교 역시도 너무나 자주 복음을 새로운 율법으로 바꿔왔기 때문입니다. 이것은 실수한 것입니다. 복음은 율법이 아니라 좋은 소식입니다! 정죄하는 것이 아니라 구원하는 것입니다. 하나님의 자유롭고 관대하며 풍성한 사랑으로부터 샘솟아 나왔기에, 복음은 초자연적인 것입니다. 죽이는 것이 아니라 살리는 것입니다. 상처를 입히는 것이 아니라 치료를 합니다. 복음은 순수한 은혜입니다. "이 은혜는 자연을 지우지 않고 오히려 세우며 회복합니다(Gratia non tollit, sed perficit naturam)."

이제 이 은혜 안에, 즉 그리스도께서 우리를 자유케 하신 이 자유 안에 우리가 선다면, 우리는 지상적 부르심의 충실한 수행으로 우리 기독교 신앙을 보여야 할 것입니다. 로마교는 영적인 것에 완전히 헌신하여 자연적 삶의 부르심에서 떠난 수도사에게서만 가장 높은 기독교의 이상이 완전히 실현된다고 보았습니다. 기독교적 삶에 대한 이러한 오해는 우리 개신교 공동체에도 깊이 침투했습니다. 하나님 앞에서 매일의 소명을 명예롭게 성취하는 평범한 인간상을 상상하는 일은 거의 사라졌습니다. 그런 자는 하나님의 왕국을 위해 아무것도 하지 않는다고 생각합니다. 기독교적 자세로 열심히 공부하며 그 시간을 보내는 학생은, 물론 그것도 좋을지는 모르나, 복음을 위해 많은 시간을 헌신하는 사람이 더 낫고 더 가치 있다고 봅니다. 오늘날 대다수의 관점은 진정한 그리스도인이 되는 것에 있어서 어떤 추가적인 것을, 즉 평범한 것이 아닌 어떤 초자연적인 행위를 요구합니다. 이제 많은 사람은 이 "어떤 추가적인 것"을 수많은 기독교의 모임이나 단체의 구성원이 되는 것으로 이해합니다. 정회원이든, 관계자이든, 명예 회원이든, 비활동 회원이나 혹은 활동 회원이나 혹은 조력 회원이든지 간에, 어쨌든 그들은 가입을 합니다. 이제 기독교 신앙의 능력과 가치는 한 인간이 그의 일반 소명을 따라 행하는 것에서 평가되지 않고, 그 일반적인 것을 초월하거나 그 너머에 있는 것을 성취함에 따라 평가됩니다. 그러니 어느 정도 그리스도인으로 보이고자 하는 사람은 그저 평범한 사람이 되는 것을 포기하고, 언어, 옷, 관습, 습관에 있어서 일반인과 자신을 구분 짓습니다.

사도 바울이 모든 사람이 자기가 부르심을 받았던 그 소명 안에 그대로 지내라고 경고했을 때(고전 7:17-23), 그의 마음은 (앞의 생각들과) 달랐습니다. 그리스도인이 단지 자신의 자연적 소명을 버려야만 하거나 좁은 의미의 왕국 사역에 헌신해야만 하는 것은 아닙니다. 물론 그럴 수도 있지만, 이는 규칙보다는 예외입니다. 감리교의 관점과는 달리, 그러한 소명의 변화가 진정한 회심의 필연적인 열매인 것은 아닌 겁니다. 이렇게 중요한 때에 필요한 것은 애초에 무슨 특별한 것이 아니라 주께서 그분의 백성에게 주신 다양한 지상적 소명들을 충실히 수행하는 것입니다. 그것은 인간의 명령으로 스스로 선택한 경배도, 복음을 새로운 율법으로 바꾸는 것도 "붙잡지도 말고 맛보지도 말고 만지지도 말라 하는 것"도 아닙니다[참고. 골 2:21-23]. 그보다 더 필요한 것은 일반 사회에 유익을 끼치는 기독교의 덕을 행하는 것입니다. 가족적이며, 절제하며, 검소하며, 부지런하며, 약속을 지키며, 정직하며, 질서정연하며, 자비로우며... 이런 것은 비록 날마다 줄어드는 듯 보이기는 하지만, 국가나 교회 혹은 사회단체의 특별한 행사로 결코 대체될 수 없는 덕목입니다. 이러한 특징이 특히 칼빈주의에 의해 자극되었고, 그로 인해 위대해졌습니다. 그 특징으로 칼빈주의는 사람을 성장시켰고 국가를 태동시켰습니다. 다소간에 엄격함에도 불

구하고, 칼빈주의는 자연적 삶의 개혁을 성취하였습니다.[53]

여기서 우리는 기독교가 가정과 사회에 어떻게 관련되는지, 교회가 국가와 어떻게 관련되는지를 확인할 수 있습니다. 인생의 이러한 모든 유기적인 영역은 창조로부터 생긴 것입니다. 그들은 일반은총으로 존재하며, 그리스도의 자비로부터가 아니라 하나님의 은혜로부터 권위와 능력을 받았습니다. (물론) 그리스도께서는 기름 부음을 받으셨으며, 교회의 머리이십니다. 진실로 모든 능력은 하늘과 땅에서 그분께 주어졌고, 모든 것이 그분의 발 아래 던져집니다. 그러나, 가정과 국가와 사회에서의 주권은 하나님으로부터 창조 세계로 곧장 내려옵니다. 가장 엄격한 로마 가톨릭 이론에 따르면, 모든 주권은 하나님에 의해서 그리스도께 직접 부여되며, 이어서 교황에게 주어집니다. 정치적 권력(potestas politica) [political power]은 교회의 권위(potestas ecclesiae) [authority of the church]에 속합니다. 항변파에 따르면 하나님께서 국가에 모든 권력을 주셨고, 이는 교회에 주어집니다. 그러나 개혁파 원리에 따르면 다릅니다. 하나님께서는 국가와 가정과 사회 각자에게 적절한 고유한 능력과 권력을 주셨습니다. 그들과 나란히, 하나님께서는 그리스도께서 허락하신 자체 통치권을 소유한 교회를 두

---

53) 다음과 비교하라. *Bezwaren tegen het hedendaagsch Christendom*. Uit het Duitsch door Dr. J. H. Gunning JHz. (Leiden, G. Los).

십니다. 그러므로 국가에 의한 교회의 복종이나 교회에 의한 국가의 복종은 둘 다 비난을 받습니다. 양자는 서로를 존경할 필요가 있으며, 또한 서로를 지지하고 도와야 합니다. 어느 한 쪽이 압박해서는 안 됩니다. 실로 국가와 사회가 죄로 말미암아 손상되었으므로 교회는 하나님의 말씀으로 그들을 인도하고 지도할 필요가 있습니다. 따라서 하나님의 은혜의 계시로부터 나온 원리와 유익으로 이 땅의 정부를 기독교 원칙으로 지도하길 바라야 합니다. 하지만, 그렇다고 해도 은혜가 자연을 무효화 시키지는 않습니다. 가정과 사회와 국가는 그리스도의 영으로 말미암아 다시 태어날 수 있지만, 그들은 하나님이 자연을 다스리시는 덕분에 존재하고 살아가므로, 자신의 독립성을 교회와 함께 붙잡고 있는 것입니다. 그리스도께서는 세상과 삶의 다양한 영역들을 없애려 오신 것이 아니라 회복하고 보존하기 위해 오셨습니다.

궁극적으로 기독교와 예술과 학문의 관계도 마찬가지입니다. 이들은 가인의 계보에서 먼저 발전되었습니다. 사람처럼 그들도 죄 가운데 잉태되어 태어났으나, 그 자체로 죄악되거나 부정한 것은 아닙니다. 그들은 그리스도의 말씀과 영으로 거룩해질 수 있습니다. 복음은 문화의 이러한 강력한 측면에서도 역시 건강과 축복의 말씀입니다. 예술과 과학 혹은 학문이 복음을 업신여길 때 스스로에게 가장 심각한 피해를 주며, 가장 풍성한 축복을 빼앗깁니다. 그리스도와 그분의 십자가로부터 돌이킨 예술은 이상을 잃고 현실주의 속에서 스스로를 파괴합니다. 하나님의 말씀을 인정하지 않는 학문은 불가지론 속에서 종말을 맞이하며, 사물의 기원과 존재와 운명을 해결할 수 없는 수수께끼로 남기고 맙니다.

그러나 여기에서도 재창조는 창조와 다른 것입니다. 예술과 학문은 중생과 회심의 특별은총이 아니라 하나님의 일반은총 안에, 또한 불신자들에게도 주어지는 자연적인 은사와 재능 안에 그 원리를 둡니다. 그러므로 모든 시대에서 기독교 신학자는 이교도의 예술과 학문으로부터도 유익을 얻어왔고, 신학을 포함한 모든 학문에 대해 만인을 위한 고전 교육을 주장해왔습니다. 그들이 그러한 교육의 위험성을 간과한 것이 아니라, 기독교의 지도력 아래 그것을 두기를 원했던 것입니다. 그럼에도 불구하고 그들은 예술과 학문의 정당성과 독립성을 유지했으며, 다만 그리스도의 영으로 말미암아 거룩하게 되어야 한다고 요구했습니다. 그들이 붙잡았던 성경이 그런 주장을 하는 그들을 자유롭게 해주었습니다. 모세는 애굽의 모든 지혜로 양육 받았고, 이스라엘의 자손은 애굽의 금과 은으로 주님의 집을 장식했으며, 솔로몬은 히람의 봉사로 성전을 건축했고, 다니엘은 갈대아인의 학문으로 훈련받았으며, 동방박사들도 베들레헴의 아기 발치에 그들의 선물을 두었기 때문입니다.

학문으로서 신학 그 자체는 일반은총의 은택과 다를 바 없습니다. 물론 신학은 학문 사이에 독특한 위치를 차지했습니다.

신학은 자신만의 원리와 대상과 목표를 가지며, 특별은총(gratia specialis)으로부터 독점적으로 도출되었습니다. 그러나 신학은 믿음으로 거룩하게 된 인간의 **사고 의식**을 사용하지 않거나, 계시에 침투하여 그 내용을 **이해**하지 않았다면, 학문적인 의미에서 신학이라 할 수 없을 것입니다. 신학은 일반은총(gratia communis)과 특별은총(gratia specialis)이 함께 흘러나올 때, 그리스도의 육신 안에서 비로소 존재하게 된 것입니다.

결론입니다. 신학은 다른 학문이 목표로 하는 완전한 마침표와 일치합니다. 신학의 영광은 학문의 여왕(Regina scientarium) [Queen of the sciences]으로서 왕좌에 앉아 통치자의 홀(笏)을 흔드는 것으로서가 아니라, 그가 가진 모든 은사로 오히려 학문을 섬기는 데 있습니다. 신학 역시 오직 섬김으로 다스립니다. 신학은 약할 때 강합니다. 낮아지려 할 때 가장 위대합니다. 그리스도와 그분이 달리신 십자가 밖에는 아무것도 모를 때에 신학은 영화로울 수 있습니다. 학문의 무대에서 신학은 하나님의 은혜(gratia Dei) [grace of God]의 해석 외에는 궁극적으로 아무것도 아닙니다. 은혜만을 신학은 생각하며, 은혜만을 신학은 추구하되, 그 길이와 넓이에 있어서, 높이와 깊음에 있어서 그러합니다. 인생이 우리의 모든 것을 비참한 중에 드러내며, 학문도 그러할진대, 신학만은 우리 주 예수 그리스도 안에 나타난 하나님의 사랑을 송영으로 드높입니다. 그리고 신학은, 자연과 은혜 사이의 이 모든 대립에도 불구하고 그들이 곧 화해할 것이며, 하늘과 땅의 모든 것이 종국에 그리스도 안에서 하나가 될 것이라는, 영광스러운 미래를 예언하고 있습니다.

II

칼뱅과 일반은총

Calvin and Common
Grace

II. 「칼뱅과 일반은총」(Calvin and Common Grace)의 원 번역자 :
게할더스 보스(Geerhardus Vos)

「칼뱅과 일반은총」은 게할더스 보스가 영역하여
Princeton Theological Review(1909, vol.07, no.3, 437-465p)에
기고한 원고를 한역했습니다.

헤르만 바빙크의 일반은총

II. 칼뱅과 일반은총

기독교는 처음부터 하나의 참 종교임을 주장해 왔습니다. 이미 구약 성경에는 여호와만이 엘로힘이시며, 이방신은 없으며 헛된 것이란 생각이 존재했습니다. 신약에도 그런 사상이 있는데, 예수 그리스도의 아버지께서 참되고 유일하신 하나님이시라는 것입니다. 그 아버지는 오직 아들이 나타내시고 선포하시며, 누구든 오직 그 아들의 중재만으로 나아갈 수 있고 교제할 수 있는 분이십니다. 기독교의 절대성에 대한 이러한 확신이 교회의 생각 속에 너무도 매몰되었기 때문에, 기독교 교리의 모든 역사는 온갖 종류의 반대와 부정에 맞서 그 확신을 지키려는 하나의 거대한 투쟁처럼 보입니다. 교회의 삶과 다른 모든 개인의 삶에 대한 근본적인 질문은 "너희는 그리스도를 누구라 하느냐?"에 관한 것이었습니다. 이는 고대 교회의 기독론적, 인간론적 논쟁의 문제였으며, 종교개혁과 "계몽주의" 시대의 문제였습니다. 그리고 이는 오늘날

헤르만 바빙크의 일반은총

에도 여전히 우리가 마주하는 영적 전쟁에서 쟁점이 되고 있습니다. 이 점에 있어서 딱히 변한 것은 아무것도 없습니다. 모든 시대의 그 질문은 여전히 우리 시대의 질문입니다. "그리스도께서 선생인가, 선지자인가, 혹은 많은 종교의 창시자 중 한 명인가? 아니면 그분은 아버지의 독생자이시며, 그렇기에 하나님의 참되고 완전하신 계시이신가?"

그러나 만일 기독교가 그런 절대적 성격을 가진다면, 이 사실은 즉시 가장 심각한 문제를 일으킵니다. 기독교는 결코 역사의 유일한 내용이 아닙니다. 기독교가 나타나기도 훨씬 전부터 헬라와 로마에는 풍성한 문화가 있었습니다. 여기에는 완전한 사회적 기관과 강력한 정치 체계, 종교의 다원성, 도덕과 행위의 미덕과 질서가 있었습니다. 그리고 심지어 지금도 기독교 종교와 함께 자연적 삶의 풍요로운 흐름이 계속 흐르고 있습니다. 그렇다면, 창조에서 발원하여 거기 부가된 율법 아래 모든 시대 속에서 계속해서 발전해온 이 풍성한 자연적인 삶과 기독교 종교의 관계는 무엇일까요? 자연과 은혜, 창조와 중생, 문화와 기독교, 이 땅의 소명과 하늘의 소명, 인류와 그리스도인 사이의 관계는 무엇일까요? 이는 또한, 오늘날 우리에게 세상에 대한 지식이 폭넓게 확장되고, 우리 시야에 비기독교 국가들이 들어오며, 문명화가 엄청난 진보를 이룬 덕분에, 이제야 우리에게 닥쳐온 문제라고 할 수 없습니다. 원리상 그리고 본질상 이 문제는 모든 세대에 나타났던 것입니다. 즉, 이스라엘과 민족들 간의 싸움에서, 하나님 나라와 세속 정부 간의 다툼에서, 십자가의 어리석음과 세상 지혜 사이의 전쟁에서 이미 나타났었습니다.

이 관계를 정의하기 위해, 성경은 따라가기 쉬운 뚜렷한 윤곽을 보여줍니다. 그 윤곽은 하나님께서 인간의 최고선이시라는 원리에서 나아갑니다. 세상이 줄 수 있는 물질적이거나 이상적인 소유가 무엇인지는 상관없습니다. 그것을 모두 합쳐도 모든 보화 중 최고의 보화인 하나님과의 교제보다 뛰어날 수 없고, 비교조차 할 수 없습니다. 그래서 자연과 은혜가 충돌하는 경우 자연은 무조건 굴복합니다. "하늘에서 주 외에 누가 내게 있으리요 땅에서는 주 밖에 내가 사모할 이 없나이다." 그러나 이 말씀은 지상의 소유가 상대적 가치를 가지는 것을 금하지 않습니다. 지상의 소유 자체에 대해서 말하자면, 그것이 죄악 된 것이거나 더러운 것은 아닙니다. 지상의 소유가 천국을 향한 인간의 추구를 방해하지 않는 한, 감사로 향유됩니다. 성경은 한 편으로는 방종주의, 다른 한 편으로는 금욕주의라는 양극단을 피합니다. 이러한 원리는 물질과 육체, 결혼과 노동을 포함하는 모든 보화로 이루어진 온 세상 모든 것이 하나님께서 창조하신 것이자 정하신 것이라는 가르침에서 매우 분명히 나타납니다. 또한 참되고 완전한 인성을 가지신 그리스도에게서도 나타납니다. 그분은 하나님의 명령에 순종하여 이 모든 것을 포기하셨으나, 부활을 통해 모든 죄를 정결케

헤르만 바빙크의 일반은총

하시고, 성령으로 구별하사 모든 것을 다시 취하셨습니다. 창조와 성육신과 부활은 기독교의 근본을 이루는 사실이며, 동시에 삶과 교리의 모든 오류에 대한 보루입니다.

그러나 초대 그리스도인이 자기 시대의 문화에 매우 부정적인 태도를 보였던 것은 여기서 중요치 않습니다. 그들은 국가와 사회, 학문과 예술의 문제에서 적극적이고 공격적인 참여를 할 만큼 충분히 많지 않았기에 대체로 별 영향력이 없었습니다. 게다가 당시 모든 제도와 문화 요소는 우상숭배와 미신에 매우 밀접하게 관련되었기에, 양심의 가책 없이는 거기에 참여할 수가 없었습니다. 헬라-로마 세계에서 초대 그리스도인에게 있어서 기대되는 것이라고는 박해와 비난밖에 없었습니다. 결과적으로 그들은, 순종과 인내의 수동적인 덕을 통해 자신의 신앙을 드러내는 것밖에 그때는 할 수 있는 일이 없었습니다. 그렇게 차츰차츰, 교회는 모든 일에 노력하며, 선한 것을 고수하며, 기성 문화를 판단하고 소화하여 종합하는 더 높은 단계로 올라갔습니다.

과거에 자주, 요즘도 그렇지만, 이런 원리를 적용하는 기독 교회에 대하여 그것이 원래의 복음을 왜곡하는 것이란 비난이 제기되곤 합니다. 하르낙(Harnack)은 교리의 역사 속에서 본래의 기독교가 점진적으로 헬라화 되었다고 봅니다. 헤치(Hatch)는 특히 성례와 같은 모든 기독교의 제의를 원초적인 복음에서 타락한 것으로 여깁니다. 좀(Sohm)은 교회법에 대한 개념 자체가 기독교 교회의 본질과 반대된다고 봅니다. 그러나 그러한 주장들은 완전히 과장된 것들입니다. 만일 이러한 양상을 모두 타락이라고밖에 말하지 못한다면 타락은 벌써 사도들과 심지어 공관복음 저자들로부터 시작했다고 해야 할 것인데도, 이는 최근에 꽤 많은 저술에 의해 두루 인정되고 있습니다. 이제 기독교 교회는 원래 복음을 왜곡해 왔다는 비난을 받습니다. 그렇지만 그런 비난을 하는 사람들은 실제로 복음을 거의 갖고 있지 않거나 적어도 이 복음의 내용을 말할 수 없는 사람들입니다. 그런 비난은 금욕주의의 빛깔이 나는 도덕적이고 단선적인 교리를 만드는 행위입니다. 그렇게 되면 문제가 발생합니다. 어떻게 복음이, 특별히 문화의 부패로 고통을 겪으면서까지, 실제로 문화와 접촉할 수 있는가 하는 문제 말입니다. 그래서 전적으로 공상에 기반하며 모든 사실과 전쟁을 벌이는 이교 문화와 원래의 복음에 대한 기독 교회의 태도에 있어서 하나의 개념이 형성되어 왔습니다.

복음은 금욕적이지 않습니다. 심지어 초대교회 시절의 기독교회조차 결코 이런 관점을 취하지 않았습니다. 아무리 이교주의를 경계했을지언정, 교회는 자연적 삶 그 자체를 죄악 된 것으로 무시하거나 비판한 적이 결코 없었습니다. 결혼과 가정생활, 세속적인 소명과 군대의 계급, 맹세의 선서와 전쟁의 수행, 정부와 국가, 학문과 예술과 철학과 같은 이 모든 것은 처음부터 신적인 제도로서 그리고 신적 은사로서 인식되었습니다. 따라서 신학은 일찍부터 철학과 관계를 형성해왔습니다. 카타콤에서 그렸던 것과 같은 회화 예술은 고대성의 상징과 모양에 영향을 받았습니다. 건축은 이교도의 형식을 따라 교회들을 지었습니다. 음악은 헬라-로마 예술이 만들었던 음조를 차용했습니다. 모든 면에서 새로운 종교를 기존 문화의 요소들과 접목시키려는 엄청난 노력이 눈에 띕니다.

초대 그리스도인이 그랬던 것은, 하나님께서 하늘과 땅의 창조주이시며, 지나온 시간 동안 이방인을 흔적도 없이 떠나신 적이 없는 분이라는 견고한 확신 덕분이었습니다. 거기에는 부패한 형태일지라도 여전히 전통 속에 살아 있는 원 계시가 있었으며, 특정 철학자들은 유대 저작의 지식을 어느 정도 알고 있었을 가능성이 있습니다. 여기에 더해서 자연과 이성, 마음과 양식 속에는 지속적인 계시, 즉 은혜의 숨겨진 활동을 통해 하나님의 지혜로부터 나온 말씀인 로고스의 조명이 있었습니다. "영혼은 선천적으로 기독교적이다(Anima naturaliter Christiana)." 테르툴리아누스(Tertullian)는 인간이 철학자와 시인보다도 오래되었기 때문에 살아있는 모든 자의 마음 안에 진리가 있다고 외쳤습니다. 이방인 사이에서 이 지혜가 많은 면에서 부패하고 거짓된 것이었음은 의심할 여지가 없습니다. 이방인은 **하나의 전체이며 완전한 진리**로서가 아니라, 진리의 **파편**만을 가질 뿐입니다. 그러나 심지어 그런 파편조차도 유익하며 선한 것입니다. 논리학과 물리학과 윤리학이라는 세 자매는 완전한 지혜이신 예수님께 경배하러 왔던 세 동방박사와도 같습니다. 이방 세계에 흩어진 선한 철학 사상과 윤리적 교훈은 그리스도 안에서 비로소 통일성과 중심성을 가집니다. 이들은 곧 그리스도 안에서 그 만족을 찾는 욕구이며, 그리스도께서 해답이 되는 질문이자, 그리스도께서 현실화시키시는 이상입니다. 특히 이방 세계에서 철학은 그리스도에 대한 교육입니다. 아리스토텔레스는 세례 요한처럼 그리스도에 대한 선구자입니다. 그리스도인은 애굽인의 그릇으로 자신의 성전을 채우고, 이교주의의 바다로부터 가져온 진주로 자신의 왕이신 그리스도의 면류관을 꾸밀 의무가 있습니다.

그러나 이렇게 말하는 우리로서도, 세상을 향한 교회의 태도가 항상 모든 면에서 교회의 고상한 소명에 합당하다는 암시를 주려는 것은 아닙니다. 선험적으로 모든 인간의 성장에는 일반적이지 않은 특징이 있으며, 모든 그리스도인 개인의 삶도 오류와 죄로 더럽혀져 있습니다. 이를 볼 때, 교회의 태도가 항상 그럴 것으로 기대해서는 안 됩니다. 로마교회는 복음이 로마교회에 의해 보존되어 원래의 순수한 상태로 쭉 확장되어 왔다고 주장하지만, 그런 주장은 교회의 무오성을 전제해야만 가능합니다. 그러나 그 교리를 따르는 바로 그 행위로 인해 로마 가톨릭은 초자연적 은사 없이는 그런 성장이 순수하게 유지될 수 없음을 인정하는 셈입니다. 더 나아가 교황에게만 이 은사가 있다고 하면서, 로마 가

헤르만 바빙크의 일반은총

톨릭은 '배우는 교회(ecclesia discens)'뿐만 아니라 '가르치는 교회 (ecclesia docens)'에서도 오류의 가능성을 인정하는 셈입니다. 심지어 가르치는 교회가 공의회로 소집된 경우에도 그러했습니다. 로마 가톨릭이 '권위를 가지고(ex cathedra)' 행한 교황의 선언이었던 이런 무오한 지침의 효력을 제한하는 것에는, 로마 가톨릭 체계 전체가 그 가르침과 행함에도 불구하고 반복되는 부패를 막을 수 없었다는 고백이 담겨있습니다. 교황 무오성의 교의는 근거나 원인이 아니라 다만 많은 결과 중 하나이며 그 체계의 결실입니다. 그리고 이 체계는 한 원리로부터 자란 것이 아니며, 다양한 요소의 결합으로 시간의 흐름 속에 성장해왔고, 아직 완공에까지 이르지 않은 개발입니다.

로마 가톨릭은 다양하고 심지어 이질적인 요소로부터 세워져 왔음에도 불구하고, 하나의 치밀한 구조를 만듭니다. 그 구조는 하나의 종교적 원리에 의해 모든 가톨릭의 부분들 속에서 다듬어진 것인데, 곧 세상과 삶에 대하여 하나의 일관적인 관점을 이룹니다. 이러한 종교는 가장 먼저, 일련의 **초자연적이며 불가해한 신비를 포함**합니다. 그중 대표적인 신비는 삼위일체와 성육신입니다. 이런 진리는 교회가 보존하고, 가르치고, 방어해야 하는 것으로 믿어왔습니다. 이러한 기능들을 수행하기 위해 교회는 베드로의 계승자로서 교황의 인격 속에 무오성의 은사가 필요했으며, 이 교리는 모든 교회의 회원들에게 강요되었습니다. 이러한 신비를 받아들이는 믿음은 그러한 특정 목적을 위한 교회의 교의를 가질 뿐, 교의를 통해서 교의가 표현하는 것 자체에 다가가지 못하며, 하나님과의 교제로 이끌지 못합니다. 믿음은 종교적 행위가 아니라 지적인 행위인 동의(assensus)이자 역사적 믿음(fides historica)입니다. 믿음은 그 자체로 구원하는 능력이 아니라 단지 구원에 대한 준비일 뿐입니다. 교회적인 권위에 복종하는 행위만 가지고는, 그것은 단지 공로주의적인 어떤 것에 불과한 것입니다.

그러나 교회는 단지 초자연적 진리의 소유자이기만 한 것은 아니어서, 두 번째 측면에서, 교회는 **초자연적 은혜의 저장소이자 분배소**이기도 합니다. 교회의 교의가 모든 인간의 지식과 학문을 초월해 무한히 높으므로, 교회가 유지하고 분배하는 은혜는 자연을 아득히 초월합니다. 다른 무엇보다도 이 은혜가 '치료의 은혜(gratia medicinalis)'임에 틀림없는데, 이는 우연적이며 부수적인 성질의 것입니다. 다른 무엇보다도 이는 고양하는 은혜(gratia elevans)로서, 자연을 초월해 더해지며 높아진 어떤 은혜입니다. 이는 타락 이전에 아담에게 주어진 하나님의 형상에 들어갔고, 원래의 지위로 회복하는 과정에서 다시 나타납니다. 고양된 자연에 초자연적 요소가 더하여진다는 관점에서, 이는 어떤 물질처럼, 성례에 함께 덧붙여지며, 사제에 의해서 분배되는 것으로 이해되었습니다. 그래서 모든 인간은 자신의 초자연적 진리에 대한 지식과 초자연적 은혜의 수용을 위해서, 즉 자신의 천상적 구원을 위해서 사제와 성례로 구성된 교회에 절대적으로 의존할 수밖에 없었던 겁니다. '교회 바깥에는 전혀 구원이 없다(Extra ecclesiam nulla salus).'

그렇지만 이 은혜는, 확실히 말하건대, 삶이 끝날 때까지 조건적으로 상실되기도 하고 회복되기도 하여, 인간이 하나님과 교제하는 데까지 도달함을 보장하지 않습니다. 그것이 하는 모든 일이란 인간이 ─ 그가 하고자 선택하기만 한다면 ─ 선한 행실, 초자연적 구원, 하나님 대면하기(visio Dei) 등을 통해 공로를 얻도록, 그에게 능력을 전달하는 것이었습니다. 행위와 보상은 비례해야 하겠기에, 초자연적 구원에 이르는 선한 행위는 모두 어떤 특정한 종류에 속해야 하며, 따라서 교회가 이를 정의하고 규정할 필요가 있었습니다. 교회가 진리의 저장소와 은혜의 분배소가 되는 것과 나란히, 교회는 세 번째 지위에서, 이렇듯 **율법의 제정자이자 심판자**이기도 합니다. 교회가 부과하는 보속은 죄를 범하는 특성에 비례합니다. 인간이 얼마나 빨리 혹은 느리게 완전함에 도달하는지, 그가 연옥에서 얼마나 많은 시간을 보내야만 하는지, 천국에서 받을 면류관이 얼마나 풍성할 것인지 등, 이 모든 것은 그가 행했던 비상하고 초자연적인 행위의 개수에 달려 있습니다. 이렇게 해서 영적인 위계질서가 만들어집니다. 천사의 세계에서도 위계질서가 있고 교회의 조직에서도 그러하지만, 지상의 성도와 하늘의 복된 자들 사이에도 위계질서가 있습니다. 올라가는 정도에 따라서 성도는 등급별로 순위가 매겨지고, 하나님께 가까이 다가갈 수 있으며, 얼마나 신적 본성에 많이 참여했는지에 비례해서 신을 공경하고 예배하도록 허락됩니다.

지금까지 언급한 내용으로 미루어, 로마 가톨릭이 말하는 진리와 은혜와 선한 행위란 어떤 특정적이며 초자연적인 성격을 지닌 것이 명백합니다. 그리고 교회는 하나님께서 선택하신 이러한 축복의 저장소이기 때문에, 은혜와 자연 사이의 관계가 교회와 세상 사이에서의 관계와 일치합니다. 세계, 국가, 자연적 삶, 결혼과 문화는 그것 자체로 죄악된 것이 아닙니다. 단지 그것은 더 낮은 질서에 - 세속적 본질에 - 속한 것으로, 교회에 의해 성별되지 않는다면 죄에 더 쉽게 노출됩니다. 이것이 세상과 관련하여 교회가 무슨 역할을 하는지를 결정하는 것입니다. 본질적으로 세상은 불경스러우나 그럼에도 불구하고 교회의 성결케 함을 통해 은혜의 기관이 될 수 있다는 것, 이것을 세상에 선포하는 것이 교회의 소명입니다. 세상을 포기하고 로마 교회와 함께 세상을 다스리는 것은[54] 하나의 동일한 원칙으로부터 솟아나옵니다. 사제의 독신과, 성례의 지위로 결혼을 끌어 올리는 것은, 같은 뿌리에서부터 나온 가지입니다. 전체적으로 계층적인 사상은 자연과 은혜 사이

---

54) 역자주: 로마 가톨릭에게 초자연적 구원은 현실 도피와 초자연적 은사의 축적 둘 다이다.

헤르만 바빙크의 일반은총

의 뚜렷한 구분 위에 세워졌습니다. 교회의 초자연적인 특성과 성례의 효력과 사제 직분을 고려할 때, 이 체계는 타협도 양보도 허용하지 않을 뿐만 아니라, 성화와 구원의 문제에 있어서 온갖 종류의 단계와 등급, 계급과 질서의 여지를 남겼습니다. 교회 안에는 거기에 몸만 속한 회원들과, 일부의 권한을 가진, 혹은 모든 권한을 가진 회원들이 포함됩니다. 이것은 약자를 돌보고 성인을 숭배하는 일을 가능케 하며, 느슨한 도덕성과 엄격한 금욕주의, 삶의 능동적이며 명상적인 형태, 합리주의와 초자연주의, 불신앙과 미신이 똑같이 교회의 담벼락 안에서 한 자리를 차지하도록 합니다.

중세가 끝나기까지 이 체계는 거의 모든 면에서 부패해갔습니다. 진리의 영역에서 이는 율법주의적 스콜라주의로 퇴화했으며, 은혜의 영역에서 이는 면벌부의 문란한 거래로 곤두박질쳤고, 선행의 영역은 사제와 수도사의 부도덕한 삶이 되었습니다. 이러한 잘못을 없애고 교회 안팎에서 개혁하고자 수많은 노력이 있었습니다. 그러나 16세기의 종교개혁은 이전의 모든 시도와 달랐습니다. 종교개혁은 단지 로마 가톨릭 체계와 그 부산물에 대항하는 것만이 아니라, 오히려 그것이 놓여있는 기초와 그것을 자라나게 해왔던 원칙을 내부적으로 공격하는 것이었습니다. 종교개혁은 완전한 체계에 대한 거부이며, 진리(veritas)와 은혜(gratia)와 선한 행위(bona opera)에 있어서 완전히 다른 개념으로 기존 체계를 대체했습니다. 이 새로운 개념은 학문적 반성이나 철학적 사변을 통해서가 아니라, 영혼 구원과 하나님의 영광에 대해 정직하고 진솔한 숙고를 통해서 나온 것이었습니다. 종교개혁은 철저하게 종교적이며 윤리적 운동이었습니다. 그것은 루터(Luther)의 **영혼이 겪은** 번뇌로부터 태동했습니다.

무력한 인간이 영혼의 눌림에서 벗어나 구원을 위한 복음을 바랄 때, 복음은 전적으로 새로운 빛으로 그에게 나타납니다. 복음은 이성의 주장을 포기하고 그저 교회의 권위에 근거하여 공로적 동의로 받아들여야 하는 일련의 초자연적이고 불가해한 신비이기를 즉시로 멈춥니다. 그것은 곧장 새로운 복음이 되고, 구원의 좋은 소식이자, 죄인을 구원하시는 하나님의 은혜롭고 효력 있는 뜻의 계시이며, 그 자체로 죄의 용서와 영생을 주고, 그로 인하여 잃었던 자가 기쁨으로 환영받는 것이며, 모든 죄와 온 세상을 넘어서 하늘의 구원을 향한 높은 소망으로 그를 이끄는 것입니다. 그러므로 초자연적 신비들로 구성된 로마 가톨릭의 복음을 인간의 자발적인 동의로 말하기란 이제는 불가능합니다. 복음은 율법이 아니며, 또한 지식이나 의지로 간주되는 것도 아닙니다. 복음은 본질적으로 약속이며, 요구가 아니라 선물이요, 하나님께서 호의로 거저 주시는 선물입니다. 그렇습니다! 하나님의 뜻 안에서 복음이 그 뜻을 인간의 의지와 마음과 가장 내면적 본질에까지 스스로 전파하며, 그곳에 하나님의 뜻에 거하는 믿음이 생겨나고, 그 위에서 자라나며, 모든 역경 속에서 심지어 죽음의 순간에서조차 그 신뢰를 그곳에 둡니다.

따지고 보면, 원리상 옛 길 곧 성경의 개념으로 돌아간 것에 불과한 이 복음의 새로운 개념 때문에, 신앙은 이제 완전히 새로운 의미를 갖지 않고서는 도리가 없었습니다. 만약에 복음이 나중에 은혜(gratia)가 덧붙여지는 진리(veritas)가 아니라 애초부터 그 자체로 은혜였고, 하나님의 은혜로운 뜻의 계시이며, 동시에 인간의 마음에 하나님의 뜻을 이루는 도구였다면, 이제 신앙은 더 이상 단순한 지적 동의로만 남을 수는 없게 됩니다. 신앙이란, 하나님이 친히 인간의 마음 안에 만들어주신 하나님의 은혜로운 뜻을 확신하는 것이며, 하나님의 은혜에 대한 전인의 항복이요, 그분의 약속 안에 머무는 것이며, 그분의 호의를 받는 참여자가 되고, 하나님과의 교제에 들어가며, 전적으로 구원을 확신하는 것입니다. 로마 가톨릭에게 있어서 믿음이란, 세례 시 주입되는 은혜(gratia infusa)를 받도록 인도하는 일곱 가지 예비과정 중 하나에 불과한 것으로, 종교적 성격이 없으며, 완전하고 충분한 구원에 이르기 위해 사랑의 보충을 요구하는 역사적 믿음(fides historica)에 지나지 않습니다. 종교개혁가들에게 믿음이란 처음부터 본질적으로 종교적입니다. 의롭다 함을 얻는 구원받는 믿음(fides justificans salvifica)은 크기에 있어서가 아니라 원리와 본질에 있어서 역사적 믿음(fides historica)과 차원이 다릅니다. 믿음의 대상은 하나님 그분 자신이시며, 그리스도 안의 하나님, 성경의 옷을 입은 그리스도, "그분 자신의 복음으로 옷 입은 그리스도(Christum Evangelio suo vestitum)"이십니다.[55] 믿음은 그 본질상 '확고하고 확실한 지식(firma certaque cognitio)'이며,[56] '두뇌에 속했다기보다 마음에 속했으며, 지성보다 정서에 속한 것(et affectus magis quam intelligentiae)'이며,[57] '이해(apprehensio)'라기보다는 '확신(certitudo)'으로 정의됩니다.[58] 믿음은 의심할 바 없이 '하나님의 선하심을 명백히 우리에게 보여주신 것(Dei bonitatem perspicue nobis propositam)'이며, 이는 우리가 하나님의 면전에 '평온한 마음(tranquillis animis)'으로 설 수 있게 합니다.[59] 따라서 믿음은 하나님에 대한 참된 경외의 원리로 간주됩니다. 왜냐하면 '경건을 향한 첫 걸음이, 하나님께서 우리의 아버지가 되셔서 자신의 나라를 영원한 상속으로 주시기까지 우리를 지켜보고 다스리고 돌보실 것을 인식하는 것(primus ad pietatem gradus [est] agnoscere Deum esse nobis Patrem, ut nos tueatur, gubernet ac foveat, donec

---

55) Instit. II. 6. 4, III. 2. 6.

56) Instit. III. 2. 7.

57) Instit. III. 2. 8.

58) Instit. III. 2. 14.

59) Instit. III. 2. 16.

헤르만 바빙크의 일반은총

colligat in aeternam haereditatem regni sui)'이기 때문입니다.**60)**

그러므로 모든 종교개혁자에게 하나님의 은혜로우시며 효력 있는 뜻은 복음의 배후, 믿음의 배후에 놓여있습니다. 아니, 그 이상으로 훨씬 더 하나님의 뜻은 복음 **안에서** 그리고 믿음 **안에서** 계시되었고 실현되었습니다. 이것이 왜 복음과 믿음에 대한 종교적 이해가 종교개혁자들의 예정론에 대한 신념과 그토록 긴밀하게 연결되는가에 대한 근거입니다. 지금 시대에 우리는 더 이상 이런 논리를 이해할 수 없습니다. 우리는 종교적 사고의 습관을 잃어버렸습니다. 왜냐하면 우리가 하나님과 교제할 개인적인 필요를 덜 느끼고, 종교적 관점으로 세상을 해석할 욕구도 덜 느끼기 때문입니다. 대신에 지금 시대는 자연 과학의 용어로 사고하는 법을 배웠습니다. 자연 과학은 하나님의 뜻을 자연의 전능한 법칙과 전능한 힘으로 대체해왔고, 결국 자신을 운명론의 품에 던져버렸습니다. 그리고 운명론이 예정론에 대한 신앙을 능가한 지 이미 오래라고 주장하지만, 아무리 자주 혼재되고 혼동될지언정 의심할 바 없이 둘 사이에는 원리적 차이가 존재합니다. 운명론은 원리상 합리주의적입니다. 운명론은 자연법칙이 지배하는 영역으로 모든 것을 설명할 수 있다는 망상 가운데 말하기를, 이성이 모

---

60)   Instit. II. 6. 4.

든 존재하는 것들을 그 실체와 동일하게 인식하는 한 그 모든 것은 합리적이라고 합니다. 반면에 예정론은 철저히 종교적 개념입니다. 자연법칙을 인식할 수 있으며 그 힘도 감안하지만, 자연을 의지하거나, 그 필연성을 마치 역사의 첫째 되는 단어나 최종적인 단어라도 되는 것처럼 여기지 않습니다.

하나님과의 교제를 자신을 위한 최고의 선으로 여기도록 배워온 사람은 하나님의 뜻에 이르기까지 세계와 그 모든 현상 뒤에서 자신의 길을 돌이킬 준비를 반드시 하고 있어야 합니다. 그는 세계사의 기원과 발전과 목적에 대한 진상을 알고자 노력해야 합니다. 세계사는 하나님의 뜻과 일치하며, 따라서 윤리적이며 종교적인 특징을 담고 있습니다. 이것이 역사 속에 종교적 운동이 나타날 때 곧바로 예정론의 문제가 전면에 등장하는 이유입니다. 어떻게 보면 이것은 모든 종교에 해당하지만, 기독교의 역사에 특별한 타당성을 갖고 적용됩니다. 기독교가 본질적으로 참되고 완전한 종교로서, 순전한 은혜로서 독특하게 체험되고 인정받는 것에 비례하여, 이는 또한 변증법적 추론이 없어도 곧장 예정론의 고백이 함께 한다는 것을 알게 될 것입니다. 이 지점에서 모든 종교개혁자들은 동의했습니다. 루터가 예정론을 어떤 실천적인 이유에서 나중에 그 이면으로 격하시킨 것은 사실입니다. 하지만 그조차도 예정론을 철회하거나 거부한 적은 없었습니다. 종교개혁과 인문주의가 갈라선 것은 단지 노예 의지(servum

헤르만 바빙크의 일반은총

arbitrium)냐, 자유 의지(liberum arbitrium)냐에 대한 논쟁 때문이
었습니다. 에라스무스(Erasmus)는 수도사를 조롱하면서도 여전
히 가톨릭교도였으며, 가톨릭교도로 남았습니다. 1537년이 될 때
까지도 루터는 카피토(Capito)에게 편지를 썼습니다. "나는 『자유
의지에 관하여』와 『교리문답』 외에는 어떤 책도 나의 정당한 책으
로 인정하지 않는다(nullum agnosco meum justum librum nisi forte
de libero arbitrio et catechismum)." 그러므로 예정론의 교리는 칼뱅
이 발견한 것이 아닙니다. 칼뱅 이전에 예정론은 루터와 츠빙글리
(Zwingli)에 의해 고백되어 왔기 때문입니다. 예정론은 종교개혁
자들의 종교적 경험으로부터 자연스럽게 흘러나왔습니다. 만약
칼뱅이 어떠한 수정을 가했다면, 그것은 그가 예정론에서 가혹하
고 자의적인 측면을 완화했으며 더욱 순수하게 윤리적이며 종교
적인 특성을 반영했다는 점일 것입니다.

　　많은 유사성과 일치성에도 칼뱅은 루터와 츠빙글리와는 달랐
습니다. 칼뱅은 루터의 감정적인 성정도, 츠빙글리의 인문주의적
성향들도 공유하지 않았습니다. 칼뱅이 회심을 경험했을 때 – 어
떤 면에서는 여전히 우리가 잘 모르고 있는 이야기지만 – 그 경험
은 기독교의 진리에 대하여 이후에 어떠한 수정도 필요 없을 정
도로 명백하고 심오하며 조화로운 통찰을 즉시 수반하였습니다.
1536년 3월에 출판된 『기독교 강요』 초판은 비록 이후에 몇몇 주
제에서 확장되고 늘어나기는 했지만 그 책 자체가 결코 바뀌지

않았습니다. 종교개혁이 완수해야만 했던 그 작업은 칼뱅의 관점에서 처음부터 끝까지 그 자신의 인생 목표였습니다. 루터는 믿음을 '의롭게 하는 믿음(fides justificans)'에 거의 전적으로 흡수시켰고, 츠빙글리는 믿음을 '소생시키는 믿음(fides vivificans)'이나 '중생하는 믿음(fides regenerans)'이라고 일방적으로 규정해버렸습니다. 그러나 칼뱅은 그 개념을 '구원하는 믿음(fides salvificans)'으로 확장시켰습니다. 이 믿음은 인간의 존재와 의식에서, 영혼과 육신에서, 그의 모든 관계와 활동에서, 전인을 새롭게 하는 믿음입니다. 따라서 교회와 학교, 사회와 국가, 학문과 예술 등 삶의 모든 영역에서, 믿음은 거룩한 영향력을 행사합니다. 그러나 이렇게 포괄적인 작업을 위해서, 참되며 항상 모든 곳에서 구원하는 믿음(fides salvificans)을 위해서, 더 이상 모든 의심의 바람에 이리저리 흔들리지 않도록 믿음은 가장 먼저 스스로 충분히 확증될 필요가 있었습니다. 이는 왜 츠빙글리와 루터에게서보다 믿음이 칼뱅에게 흔들리지 않는 확신이자 굳건한 보증이 되는지에 대한 대답이 됩니다.

그러나 만약 믿음이 흔들리지 않는 보증이 되려면, 의심의 여지가 전혀 없는 진리에 기초해야 할 것입니다. 그러려면 믿음은 스스로의 증언과 능력으로 인간의 마음에 자신의 실제성을 증명해야만 합니다. 풍랑에 도전할 집은 모래 위에 지어질 수 없습니다. 그러므로 믿음의 배후에는 반드시 진리, 곧 하나님의 뜻과 사역이 놓여있어야 합니다. 달리 말해, 믿음은 (하나님의) 선택의 열매 혹은 결과입니다. 믿음은 하나님의 일하심을 경험하는 것입니다. 칼뱅은 언제 어디서나 이 하나님의 뜻으로 돌아가 생각합니다. 무한하고 수많은 현상으로, 다양성과 불평등으로, 부조화와 대립으로 가득한 세계는 피조물의 뜻으로부터 혹은 인간의 가치나 무가치함으로부터 설명되지 않습니다. 사실, 불평등과 대립은 인간의 영원한 운명의 분깃에서 아주 잘 드러납니다. 그 뿐만 아니라 수많은 영역에서 – 즉 각자의 사람들에게 할당된 서로 다른 (수준의) 주거지에서, 육신과 영혼에 부여된 서로 다른 은사와 능력에서, 건강과 질병, 부와 가난, 번영과 역경, 기쁨과 슬픔의 차등에서, 다양한 계급과 직업에서, 끝으로 인간이 동물이 아니라 인간이라는 사실 그 자체에서 이미 잘 드러납니다. 그러므로 예정론 (선택교리)의 반대자가 이 질문에 답하게 해봅시다. "왜 그들이 소나 당나귀가 아니라 사람이 되었는가? 왜 하나님께서는 마음대로 그들을 개가 되도록 할 수 있었음에도 불구하고, 그분 자신의 형상으로 만드셨는가?(cur homines sint magis quam boves aut asini, cur, quum in Dei manu esset canes ipsos fingere, ad imaginem suam formavit)."[61] 우리가 세상을 숙고할수록, 우리는 숨겨 있는 하나

---

61) Instit. III. 22. 1.

님의 뜻에 더 의지할 수밖에 없으며, 그 안에서 세상의 존재와 본질에 대한 궁극적인 토대를 찾게 됩니다. 우리가 익숙하게 적용하는 선과 정의와 정당한 보상과 악의 재분배에 대한 모든 기준은 세계를 측량하는데 완전히 부적합한 것으로 드러났습니다. 하나님의 뜻은 전 세계에 있는 모든 진리(veritas)와 다양성(diversitas)의 가장 깊은 원인이고, 본질상 그러해야 합니다. 여기에는 '하나님의 숨은 계획(absconditum Dei consilium)'외에는 어떤 궁극적인 기초도 없습니다.[62] 헤아릴 수 없는 세상의 신비는 지성과 감성, 그리고 신학과 철학이, 서로 함께 하나님의 뜻에 의탁하여, 그 안에서 안식을 추구할 수밖에 없도록 만듭니다.

그러나 종종 신학과 철학은 여기에 만족하지 않습니다. 그러면서 그들은 플라톤과 헤겔(Hegel)의 방식을 따라 합리적으로 세상을 설명하려 합니다. 혹은 하나님의 뜻에서 물러나서, 그들은 영지주의가 시도했듯 '알려지지 않은 심연(βυθὸς ἄγνωστος)'으로, 쇼펜하우어(Schopenhauer)가 시도했듯 '맹목적이고 비합리적이며 불행한 뜻'으로, 폰 하르트만(von Hartmann)과 스펜서(Spencer)가 시도했듯 '무의식적이고 알 수 없는 능력'으로 대체했습니다. 칼뱅은 그의 기독교 신앙으로 범신론의 이런 다양한 형태에 거리를 두

---

62) Instit. III. 22. 1; 23. 2.

었습니다. 칼뱅은 인간의 모든 이성 활동과 정녕 반대되는 하나님의 주권을 최선을 다해 견지했습니다. 예정론은 '하나님의 지혜의 지성소(divinae sapientiae adyta)'에 속하는 것입니다. 그곳은 인간이 들어갈 수도 없고 그곳에 관한 인간의 호기심을 만족시킬 수도 없는 영역입니다. 왜냐하면 그곳은 누구도 그 출구를 찾을 수 없는 미궁이기 때문입니다. 인간은 하나님께서 비밀로 지키고자 하신 것들을, 벌을 받지 않고서는 조사할 수조차 없습니다. 하나님께서는 우리에게 그분의 지혜의 위엄을, 이해하려 들지 말고 경배하라고 하십니다.[63] 그럼에도 그분은 무질서하지 않으십니다. 그분은 자신의 신성을 스스로의 양심으로 모독하는 자들을 죄 없다 하지 아니하심으로써 그분의 정의를 충분히 변호하십니다. 그분의 뜻은 절대적인 힘이 아닌, '모든 오류로부터 순결하시며, 완전함의 가장 높은 법칙이시자 심지어 모든 법 중의 법(ab omni vitio pura, summa perfectionis regula)'이십니다.[64] 그리고 복음은 이러한 뜻의 내용과 중심과 핵심이 무엇인지를 계시합니다.

타락한 연유로 이제 자연은 더 이상 하나님의 아버지다우신 호의를 우리에게 계시하지 않습니다. 어느 모로 보나 자연은 죄 많은 우리 영혼을 절망으로 채울 수밖에 없도록 신적 저주를 퍼

---

63) Instit. III. 21. 1.

64) Instit. III. 23. 2.

붓습니다. "우주를 보아도 아버지께 도달하는 것이 허용되지 않는다(Ex mundi conspectu Patrem colligere non licet)."[65] 그리스도 안에 있는 특별 계시 외에는, 하늘의 일에 대해서는 인간에게 어떤 참된 지식도 없습니다. 하나님과 그분의 아버지 되심과 삶의 규칙으로서 그분의 율법에 관하여, 인간은 무지하고 또한 맹목적입니다. 특별히 '우리를 향하신 하나님의 자비의 확신(divinae erga nos benevolentiae certitudo)'에 대하여, 인간은 최소한의 의식도 없습니다. 인간의 이성으로는 이 진리에 도달하지도, 도달하려 애쓸 수도 없습니다. 따라서 인간은 '참된 하나님은 누구신가? 혹은 그분께서 우리에게 어떤 종류의 하나님이 되려고 하시는가?(quis sit verus Deus, qualisve erga nos esse velit)'를 이해하는 데 실패합니다.[66] 그리고 여기에 그리스도 안에 있는 하나님의 특별 계시의 본질이 명확해집니다. 이것이 복음의 핵심 내용입니다. 하나님께서는 여기서 그분을 단지 우리의 창조자로서가 아니라 우리의 구속자로서 알리십니다.[67] 그분은 그가 누구신지 우리가 억측에 빠져들게끔 말씀하지 않으십니다. 그 대신에 그분은 '그가 어떤 속성을 가지며, 그의 본성을 구성하는 것이 무엇인지(qualis sit et

---

65) Instit. II. 6. 1.

66) Instit. II. 2. 18.

67) Instit. I. 2. 1; II. 6. 1.

quid ejus naturae conveniat)' 우리가 알도록 하십니다.[68] '은혜로운 약속(gratuita promissio)'과 '자비의 약속(promissio misericordiae)', 그리고 '하나님께서 세상을 자기와 화목하게 하시는 자유의 사신(使臣)(liberalis legatio qua sibi Deus mundum reconciliat)'과 같은 것들이 복음의 본질과 신앙의 군건한 반석을 이룹니다.[69] 하나님께서 참된 신자에게 은혜로우시며 사랑하시는 아버지임을 군건히 믿는 사람은 그분의 자애로우신 친절함으로부터 모든 것을 바라는 자입니다. "구원의 확신에 힘입어 마귀와 죽음에 담대히 맞서지 않는 자는 신자가 아니다(Fidelis non est, nisi qui suae salutis securitati innixus, diabolo et morti confidenter insultet)."[70]

하나님의 자비로운 약속으로서 이러한 복음의 초점은 칼뱅에 의해 그시대의 급변하는 견해들 가운데 군건한 기초를 다졌을 뿐만 아니라, 그의 식견을 넓히고 공감대를 확장해주었습니다. 그래서 칼뱅은 자신의 신앙고백에 단호하게 서 있으면서도, 종교개혁의 모든 후예들 사이에서 일치와 평화에 도움이 되는 것들을 끊임없이 중재했습니다. 이는 일반적으로 형성된 칼뱅에 대한 선입견과는 매우 다릅니다. 흔히 그려지는 칼뱅의 인상은 비정한 엄

---

68)   Instit. I. 2. 2.

69)   Instit. III. 2. 29.

70)   Instit. III. 2. 16.

격함과 독단적인 편협함이 그 특징입니다. 하지만 그런 인상은 저 제네바의 종교개혁자에게 매우 큰 결례입니다. 유감스럽지만 칼뱅은 세르베투스(Servetus)의 죽음에 책임이 있습니다. 이 부분에서 그는 다른 종교개혁자들과 같은 수준에 서 있었고, 그들 중 누구도 자기 시대의 모든 오류에서 완전히 벗어나지는 못했습니다. 하지만 세르베투스의 사형을 허락한 칼뱅이 우리가 아는 유일한 칼뱅은 아닙니다. 완전히 다른 칼뱅도 있습니다. 칼뱅은 친근한 우정의 결속으로 동료들과 협력했고, 그의 마음은 믿음 안에서 고통하고 씨름하는 모든 형제에게 동정심으로 대했으며, 형제들과 함께 연대하여 그들에게 위로와 용기를 주었고, 가장 가혹한 고통 속에 있는 동료들을 응원했습니다. 우리는 분열된 개신교 세계의 연합을 위해 끊임없이 진지하게 애썼던 칼뱅을 알고 있습니다. 칼뱅은 하나님을 오직 그분의 말씀 안에서만 찾았습니다. 칼뱅은 심지어 "삼위일체(Trinity)"나 "위격(Person)"과 같은 용어에 스스로를 가두지 않으려고 노력했습니다. 칼뱅은 니케아 신조와 아타나시우스 신조에 매이기를 거부했습니다. 칼뱅은 교리의 사소한 불순물 때문에 생긴 교회의 모든 분열을 반대했습니다. 칼뱅은 예배의 형식에 관한 모든 현안에서 형제의 관용을 더 소중히 여겼습니다. 칼뱅은 다양한 의견 차이에도 불구하고 루터와 멜란히톤(Melanchthon)과 츠빙글리에게 가장 높은 경의를 표했으며, 그들을 하나님의 종으로 인정했습니다. 그는 아우크스부르크 신앙고백에도 찬성했는데, 자신의 개인적 해석의 권리를 유보하면서까지 그들의 믿음의 표현을 존중했습니다. 칼뱅은 자유의지론과 예정론의 요점에서 멜란히톤과 달랐지만, 그가 쓴 『신학총론(Loci Communes)』을 추천했습니다. 칼뱅은 보이지 않는 교회를 어떤 특정한 신앙고백에 제한시키기를 거부했으며, 인간의 마음속에 있는 하나님의 말씀과 성령님에 의한 하나님의 사역이 있는 곳이라면 어디든 보이지 않는 교회가 실재함을 인정했습니다.

그러나 아직도 또 다른 부당한 비난이 칼뱅의 균형 잡힌 생각을 공격합니다. 사람들은 가끔 칼뱅이 선택과 유기라는 두 부분으로 나누어진 예정론이라는 작정 교리 외에는 아무것도 설교할 줄 몰랐다는 듯이 말합니다. 그러나 사실은 그 어떤 복음 설교자도 하나님의 은혜와 사랑에 대해 자유롭고 관대한 선포에서 칼뱅을 넘어서지 못했습니다. 칼뱅은 그의 『기독교 강요』에서 믿음의 삶에 대한 논의를 끝마친 3권에 이르기까지도 예정론을 다루지 않을 정도로, 그것을 전면에 내세우지 않았던 사람입니다. 예정론은 1536년의 『신앙고백(Confessio)』 때는 아예 없었으며, 1545년의 『제네바 요리문답(Catechismus Genevensis)』에서는 교회와 관련해서 스치듯이 언급될 뿐입니다. 그리고 유기 교리에 관해서도, 칼뱅을 비난하기 이전에, 성경과 삶의 현실과 양심의 증거에 먼저 반대해야 할 것입니다. 왜냐하면 그 모든 것들이, 세상에 죄가 있

다는 것과, 이 지독한 현실 즉 '끔찍한 작정(decretum horribile)[71]'
과, 인간의 자유 의지란 도무지 근거를 가질 수 없다는 것을 증명
하고 있기 때문입니다. 그리고 칼뱅의 유기 교리에는 주의해서 살
펴야 할 또 다른 특징이 있는데, 우선 칼뱅은 유기의 **방식**에 대해
서는 거의 아무런 말도 하지 않았다는 점입니다.『기독교 강요』
는 스콜라주의적 난해함을 조금도 찾아볼 수 없는 대단히 절제
된 저작물인데, 전반적으로 믿음의 교리를 대단히 실천적인 차원
에서 다룹니다. 특히 종말론에서 그렇습니다. 잘 알려진 것처럼,
칼뱅은 요한계시록 주석 집필을 내키지 않아 했고,『기독교 강요』
에서 단지 몇 문단만을 "그 마지막 일"에 할애할 뿐입니다. 칼뱅은
영화의 상태에 관한 모든 '곤란한 질문(spinosae quaestiones)'을 피
하고, 멸망한 자의 상태에 관한 성경의 서술을 상징적으로 해석합
니다. 이는 어두움, 슬피 울며 이를 가는 것, 꺼지지 않는 불, 죽지
않는 벌레와 같은 것들입니다. (유기에 대한) 이런 말씀들은 우리에
게 감동을 주어 "하나님과의 모든 교제로부터 단절됨이 얼마나
비참한가(quam sit calamitosum alienari ab omni Dei societate)"를, 그
리고 "하나님의 장엄함에 압도된 당신은 하나님으로부터 짓눌리

---

71) 편집자주: 이중 예정 교리를 말하면서 칼뱅이 언급한 표현으로, 인간이 처하였고 처할 수
밖에 없는 하나님의 예정이 인간의 입장에서 얼마나 두려운 일인지를 말하기 위한 표현
이다.

헤르만 바빙크의 일반은총

지 않으려고 도망칠 수 없음(majestatem Dei ita sentire tibi adversam ut effugere nequeas quin ab ipsa urgearis)"을 깨닫게 한다는 것입니다.[72] 지옥의 형벌은 하나님과의 교제 단절과 하나님의 작정을 인정하는 것으로 이루어져 있습니다.[73] 종말에 하나님이 만유의 주로서 만유 안에 계시려 하심이라[74]는 바울의 말씀과 관련하여, 마귀와 불신자들을 떠올리지 않을 수 없습니다. 이는 그들이 굴복하는 그 때에, 하나님의 영광은 드러날 것이기 때문입니다.[75]

그러나 훨씬 더 중요한 것은 칼뱅에게 있어서 유기가 모든 은혜의 보류를 의미하지는 않는다는 것입니다. 죄를 통해 인간은 하나님 나라의 모든 영적 현실에 눈이 멀었고, 그리스도 안에서 하나님의 아버지다우신 사랑의 특별 계시와 죄인의 마음속에 있는 성령님으로 말미암아 특별 조명(specialis illuminatio)이 필요하게 되었습니다.[76] 그럼에도 불구하고 모든 인간에게 다양한 은사를 나누어 주시는 이러한 일반은총(generalis gratia)이 역시 존

---

72)   Instit. III. 25. 12.

73)   Comm. on Luke, xii. 47.

74)   편집자주: 고전 15:28

75)   Comm. on 1 Cor, xv. 28.

76)   Instit. II. 2. 18ff.

재합니다.[77] 만약 하나님께서 인간에게 인정을 베풀지 않으셨다면, 인간의 타락은 자연 전체를 폐허로 만들었을 것입니다.[78] 과연, 타락 직후 하나님께서 즉시 개입하셨습니다. 이는 그분의 일반은총으로 말미암아 죄를 억제하고, '사물들의 전체(universitas rerum)'의 존재를 유지하시기 위함이었습니다.[79] 결국 죄는 본질적 속성(substantialis proprietas)이기 보다는 우연적인 성질(adventitia qualitas)이며, 이 이유로 하나님께서는 "자신이 행하신 일 자체 보다는 자신의 일의 부재에 대해 대적하셨습니다(operis sui corruptioni magis infensus quam operi suo)".[80] 비록 인간을 위해 자연 전체가 헛된 대상이 되었지만, 그런데도 자연은 하나님께서 그 중심에 불어넣으신 소망으로 말미암아 유지되었습니다.[81] 세상의 어느 곳도 하나님의 영광의 광채가 빛나지 않는 곳은 없습니다.[82] 은유적 표현이기는 하지만, 하나님은 자연과 혼동되지 않으셔야 하므로, 자연이 하나님이라는 [칼뱅의] 말은 참으로 종교적

---

77)   Instit. II. 2. 17.

78)   Instit. II. 2. 17.

79)   Instit. II. 3. 3.

80)   Instit. 1. 4.

81)   Comm. on Romans, xiii. 19-21.

82)   Instit. I. 5. 1.

의미에서만 수용될 수 있을 것입니다.[83] 헤아릴 수 없는 신비로 가득 찬 하늘과 땅은 하나님의 지혜의 장엄한 전시입니다.[84]

특히 인류는 여전히 하나님의 다양한 은사를 보여주는 그분의 사역이 반영되는 명확한 거울입니다.[85] 여전히 모든 인간에게 종교의 씨앗, 즉 **신 의식**이 있으며, 이는 완전히 지워지지 않고, 그들의 삶이 모두 하늘의 은혜에 의존하고 있음을 납득시키며, 이방인에게조차 인류의 하나님을 아버지라고 부르도록 인도합니다.[86] 초자연적 은사는 잃어버렸고, 자연적 은사는 부패했으며, 따라서 본성으로서 인간은 더 이상 하나님이 자신에게 누구이시며 어떤 분이 되고자 하시는지를 알지 못합니다. 그럼에도 이러한 자연적 은사는 인간에게서 완전히 철회된 것은 아닙니다.[87] 이성과 판단과 의지가 부패하였으나 이것이 인간의 본성에 속하는 한 완전히 상실되지는 않았습니다. 인간이 이성을 완전히 그리고 부분적으로 박탈당했다는 사실은 이러한 은사들에 대한 자격 부여가 애초에 당연한 것이 아니었으며, 공로에 기초해서 주어진 것

---

83) Instit. I. 5. 5. d

84) Instit. II. 6. 1.

85) Instit. I. 5. 3. 4.

86) Instit. I. 3. 1, 3; II. 2. 18.

87) Instit. II. 2. 12.

도 아니었음을 반증합니다. 그럼에도 하나님의 은혜는 이러한 은사들을 우리에게 인도합니다.[88] 그래서 인간은 진리와 오류, 선과 악을 구분하며, 개념과 판단을 형성하고, 또한 자기 눈에 좋게 여겨지는 것들을 얻고자 분투하는 이성으로써 인간 본성과 분리될 수 없는 의지를 갖고 있는 바, 이러한 사실들은 인간을 동물보다 격상시키는 것입니다. 그렇게 볼 때, 인간이 어떤 참된 개념도 형성할 수 없는 어쩔 수 없는 영원한 맹인이란 것을 인간의 탓으로 돌리는 것은 경험뿐만 아니라 성경에도 위배 됩니다.[89] 오히려 반대로 어둠 속에서도 여전히 빛이 있으며, 사람들에게는 진리에 대한 어느 정도의 사랑이 남아있는 것입니다. 진리의 어떤 광채가 여전히 보존되어 왔습니다.[90] 인간에게는 그들 자신을 개인적으로, 또한 공동으로 다스리는 법의 원칙이 있습니다. 또한 인간은 정의와 평등의 근본 법칙에 동의하며, 어디서든지 사회 질서에 대한 성향과 기호를 드러냅니다.[91] 때로는 주목할 만한 현명함을 보이곤 하는데, 덕분에 인간은 무언가를 배울 수 있으며, 중요한 발명과 발견을 해내기도 하고, 이것을 삶에 요긴하게 활용할 수도

---

88)   Instit. II. 2. 14. 17.

89)   Instit. II. 2. 12.

90)   Instit. II. 2. 12. 18.

91)   Instit. II. 2. 13.

헤르만 바빙크의 일반은총

있습니다.[92] 이 모든 것 덕분에 질서 정연한 시민 사회가 인간 사회에 가능했을 뿐만 아니라, 예술과 학문이 천시되지 않으며 발전도 할 수 있었습니다. 이런 일은 성령의 은사 덕분인 것으로 보아야 합니다. 성화의 영으로서 성령께서는 신자 안에 거하시는 것이 분명하지만, 생명과 지혜와 능력의 영으로서 성령께서는 믿지 않는 자 속에서도 일하십니다. 그러므로 어떤 그리스도인도 이러한 은사를 경멸해서는 안 됩니다. 오히려 그는 예술과 학문, 음악과 철학, 그리고 인간 지성의 다양한 각각의 성과를 '성령님의 가장 탁월한 선물(praestantissima Spiritus dona)'로 경의를 표해야 합니다.[93] 또한 자신을 위해서도 그러한 성과를 최대한 활용해야 합니다. 같은 원리로, 도덕 영역에서도 어떤 사람과 다른 사람 사이에 차등이 인정되어야 합니다. 모든 인간이 부패했지만, 모두가 같은 정도로 타락한 것은 아닙니다.[94] 여기에는 무지에 의한 죄와 악의에 의한 죄가 있습니다.[95] 카밀루스(Camilus)와 카틸리네(Catiline) 사이에는 차이가 있습니다. 심지어 죄인에게조차 가끔은 '찬란한 성품(speciosae dotes)'과 '하나님의 특별은총(speciales Dei gratiae)'

---

92) Instit. II. 2. 14.

93) Instit. II. 2. 15, 16.

94) Instit. II. 3. 4.

95) Instit. II. 2. 25.

가 주어집니다. 속된 말로, 어떤 사람은 천성이 선하고(bene), 어떤 사람은 타락한 본성(pravae naturae)으로 태어났다 말하는 것도 가능할 것입니다.[96] 실로, 모든 인간은 자신에게 맡겨진 은사 안에 어떤 '특별한 하나님의 은혜(specialis Dei gratia)' 혹은 '개별적 하나님의 은혜(peculiaris Dei gratia)'가 있음을 인정해야만 합니다.[97] 이런 모든 은사의 다양성에서 우리는 인간이 다른 모든 피조물과 구별되는 하나님 형상의 파편을 보게 됩니다.[98]

칼뱅의 다른 작품들에서도 얼마든지 찾을 수 있는 이런 여러 발언들로 미루어볼 때, 이 종교개혁자에게 편협하고 옹졸하다는 비난을 가하는 것은 완전히 잘못된 일이겠습니다. 물론 칼뱅이 그가 찬사를 표하는 이런 예술과 학문 분야에 있어서 재능과 적성을 가졌는지는 또 다른 문제입니다. 그러나 그렇지 않을지라도, 즉, 칼뱅이 루터와는 달리 음악과 노래에 별다른 애정이 없었다 하더라도, 이것이 그를 의심할 근거는 아닙니다. 천재들도 그들의 한계가 있는 법이며, 종교개혁자들은 워낙 믿음에 헌신된 자들이었고 또한 그랬어야 했으며, 더구나 그 점에서 탁월했기에, 예술과 학문에 종사하는 사람들 못지않게 우리의 존경과 찬사를 받

---

96)   Instit. II. 3. 4.

97)   Instit. II. 2. 14, 17.

98)   Instit. II. 2. 17.

을 자격이 마땅합니다. 칼뱅은 자연적 인간의 덕이 아무리 고귀하더라도 하나님의 심판대에서 의에 이르기에 충분치 않다고 단언했지만, 이것은 그러나 도덕법의 위대하며 영적인 성격에 대한 그의 심오한 신념 때문이었습니다.[99] 그와 별개로, 칼뱅은 다른 어떤 종교개혁자보다도 진리와 선함이 무엇이며 그것을 어디서 찾을 수 있는가에 대한 인식에 있어서 더 관대했습니다. 칼뱅은 세계 전체를 연구하여, 하나님의 선함과 지혜와 능력의 증거가 모든 곳에 있음을 발견합니다. 칼뱅의 신학적 입장은 그가 자기 견해에 좁게 갇힌 것이 아니라 오히려 보편성을 드러내는 데 주의를 기울였음을 잘 보여줍니다.

이것은 그가 그리스도인에게 부여한 소명에서도 역시 분명히 나타납니다. 이에 대해서도 칼뱅은 하나님의 뜻에서부터 출발했습니다. 칼뱅은 로마 가톨릭의 관점에 대해, 이교의 개념에 반대하는 것과 원칙적으로 같은 반대를 제기합니다. 선행이 공로가 된다는 교리는 헛것이요, 수도원 서약은 그리스도인의 자유를 침해한다고 했습니다. 이 방법으로 성취된 완전함은 인간 스스로 세운 멋대로의 이상일 뿐입니다. 로마 가톨릭과 이교주의는 모두 인간 본성의 부패를 최소화하며, 선행에 대해서는 그 출발을 인간

---

99)   Instit. II. 3. 5.

의 자유의지로 봅니다. 그와 반대로 칼뱅은 "우리는 우리의 것이 아니라, 하나님의 것이다(nostri non sumus, Dei sumus)"라는 원리에서 나아갔습니다. 그리스도인의 삶은 하나의 지속적인 희생이며, 하나님에 대한 완전한 성별(聖別)이며, 그분의 이름에 대한 봉사이며, 그분의 율법에 대한 순종이고, 그분의 영광을 구하는 것이어야만 했습니다.[100] 하나님과 분리될 수 없는 이 구별됨은 지상에서 대체로 자기 부인과 십자가 고난이라는 특성을 지닙니다. 이교주의는 이런 것에 대하여 도무지 알지 못합니다. 이교주의는 이런 것에 대하여 아무것도 모릅니다. 이교주의는 어떤 도덕적 격언이나 분투를 다만 명령할 뿐이고, 인간의 삶을 그의 이성이나 의지 혹은 본성에 복종시키고자 애씁니다.[101] 그러나 그리스도인은 자신의 지성과 자신의 의지와 자신의 힘을 하나님의 법에 또한 복종시킵니다. 그리스도인은 숙명에 자기를 맡기지 않고, 덕을 설파하는 철학자와 같지 아니하신 우리 주 예수 그리스도의 아버지 되시는 하늘 아버지께만 헌신합니다.[102]

칼뱅이 복종, 겸손, 인내, 자기 부인, 십자가를 지는 것 등의 수동적 미덕을 전면에 드러냄은 바로 이러한 까닭입니다. 아우구스

---

100) Instit. III. 7. 1.

101) Instit. I. 15. 8; II. 2. 2.

102) Instit. III. 6. 2-4; 8, 11.

헤르만 바빙크의 일반은총

티누스(Augustine)처럼 칼뱅은 인간이 하나님보다 자신을 높이는 교만을 죽도록 두려워합니다.[103] 인간의 무능력함과 의지의 속박에 대한 그의 강한 주장은 인간을 절망에 빠뜨리려 함이 아니요, 오히려 그를 무기력함에서 일으키고 그의 결핍에 대한 갈망을 일깨워서, 모든 자기 영광과 자기 의존을 포기하고 온전히 하나님만을 의지하도록 하기 위한 것이었습니다.[104] 칼뱅은 하나님의 모든 것이 인간에게 회복되도록 인간적인 모든 것을 벗겨냈습니다.[105] "당신이 당신 안에서 더 나약할수록, 하나님께서는 그만큼 더 당신을 받아주실 것이다(Quanto magis in te infirmus es, tanto magis te suscipit Dominus)." "우리의 겸손이 그분의 높음이다(nostra humilitas ejus altitudo)."[106] 그러므로 겸손은 최고의 덕목입니다. 겸손은 선택[교리]의 뿌리 위에서 자랍니다.[107] 우리는 현생의 모든 고난과 십자가에 못 박힘에서, 하나님으로부터 끊임없이 겸손을 배웁니다.[108] 겸손은 우리를 처음으로 하나님과 인류에 대한

---

103)   Instit. II. 2. 2; III. 7. 4.

104)   Instit. II. 2. 1, 2, 9.

105)   Instit. II. 2. 10.

106)   Instit. II. 2. 4.

107)   Instit. III. 21. 1.

108)   Instit. III. 8. 2.

올바른 관계에 놓이게 합니다.[109] 겸손은 이 땅의 삶이 위험과 고난으로 가득 찬 순례의 땅이란 사실을 받아들이게 하고, 또한 만사에 우리가 하나님의 뜻에 복종하도록 가르칩니다. "하나님께서 그렇게 원하신다. 그러니 우리도 그의 뜻을 따르자(Dominus ita voluit, ergo ejus voluntatem sequamur)."[110] 마찬가지로 겸손은 우리가 이웃을 사랑하고, 이웃에게 주어진 은사를 존중하며, 이웃의 유익을 위해 우리 자신의 은사를 사용하도록 우리를 가르치고 있습니다.[111]

칼뱅이 그리스도인의 삶을 그저 수동적인 덕의 실천에 제한시켰다고 믿는다면, 여전히 그를 오해하는 것입니다. 칼뱅은 분명, 현재를 미워하며 미래의 삶을 바라본다고 자주 언급했습니다.[112] 그러나 칼뱅이 살았던 시대에 거의 모든 나라에는 종교개혁에 대한 박해와 압제가 있었다는 점을 생각합시다. 또한, 칼뱅 자신도 육체적 고통과 정신적 고통을 감내해야만 했었다는 점을 고려합시다. 그러면 우리는 그가 겸손과 복종, 인내와 순종, 자기 부인과 십자가를 지는 행동에 무엇보다 먼저 신실할 것을 권했다는 사실

---

109)   Instit. II. 2. 11; III. 7. 4.

110)   Instit. III. 8. 2ff.

111)   Instit. III. 7. 4-7.

112)   Instit. II. 9. 1ff.

에 놀라게 됩니다. 이것은 기독교 교회에 항상 있었던 것이며, 예수님과 사도들의 가르침으로까지 거슬러 오를 수 있습니다. 만일 우리가 칼뱅과 다른 종교개혁자들, 그리고 교회의 순교자들이 가졌던 신앙의 편파성을 굳이 찾아낸다 할지언정, 그것이 우리의 영적인 삶의 깊이나 정도를 대변해주지는 못합니다. 오히려 이런 사실은 우리에게 존경심을 일으킵니다. 즉, 그들이 그러한 상황 속에서도 여전히 그리스도인의 긍정적인 소명에 언제나 눈을 뜨고 있었다는 사실 말입니다. 적어도 칼뱅과 함께라면 그런 비판적 태도에 마주하더라도 아쉬울 것이 없습니다. 게다가 칼뱅의 이런 태도는 단지 자신의 윤리학을 보충하는 차원에서 그저 부수적으로 딸려오는 식이었던 것도 아닙니다. 그의 태도는 그 자신의 지극히 개인적인 원칙으로부터 나온 것입니다. 그의 태도는 다시금, 하나님의 뜻에 대한 그의 개념에서 발원한 것입니다.

잘 알려진 바와 같이, 우리 인간의 자연적 소명을 영광의 자리까지 회복시켰던 것은 루터 덕분이었습니다. 그러나 칼뱅은 그의 전임자가 제시했던 이 원리를 더 큰 결실로 발전시켰습니다. 칼뱅은 삶 전체를 하나님의 뜻이라는 관점에서 바라봤으며, 모든 것을 그분의 율법의 다스림 아래 두었습니다. 그리스도인의 완전함은 저 위나 바깥이 아닌, 하나님이 이 땅에서 우리에게 주신 소명의 영역 안에서 실현해야 한다는 것이 종교개혁자들의 공통된 신념이었습니다. 완전함이란 어떤 독단적인 인간의 말을 따르는 것도, 교회의 계명을 따르는 것도 아니요, 온갖 비정상적인 행위를 수행하는 것도 아닙니다. 완전함이란 하나님께서 모든 사람에게 주신 평범한 일상적 의무를 충실히 이행해 내는 것입니다. 루터보다도 훨씬 더 강한 차원에서, 칼뱅은 삶의 모든 길이와 너비와 깊이에 있어서 그 자체로 하나님에 대한 봉사가 되어야 한다고 강조했습니다. 칼뱅에게 있어서 삶은 종교적 성격이며, 하나님 나라에 포함될 뿐 아니라 그 일부였습니다. 혹은 칼뱅 스스로가 거듭 밝혔듯이, 그리스도인의 삶은 늘 어디서든지 하나님의 존재 앞에서, 즉 그분의 얼굴 앞에서 행하는 삶입니다. "마치 우리가 그분의 눈 아래에 있는 것처럼, 바로 그분 앞에서 행한다(coram ipso ambulare, ac si essemus sub ejus oculis)."[113]

그러므로 칼뱅이 현재의 삶을 무시하는 발언을 할 때, 이는 중세 윤리가 의미했던 것과는 완전히 다른 의미였습니다. 칼뱅은 삶을 피하거나 억제하거나 잘라내야 한다고 말하려는 게 아닙니다. 그리스도인이 헛되고 일시적인 삶에 마음을 쏟지 말고, 모든 것을 갖더라도 갖지 않은 것처럼 여기며, 바로 이것이 곧 하나님만을 의지하는 삶임을 말하려는 것이었습니다.[114] 삶은 그 자체로 '하나님의 축복(benedictio Dei)'이며, 많은 '신적인 유익(divina

---

113)   Comm. on Isaiah, xxiii. 12.

114)   Instit. III. 7. 8-10; 8. 2ff.; 9. 1, 6.

beneficia)'을 담고 있습니다. 삶은 신자들이 하늘의 구원을 준비하는 수단입니다.[115] 삶은 "그것이 우리로 죄를 범하도록 하는 한 (quatenus nos peccato teneat obnoxios)" 혐오해야 하는 것이지, 그 자체로 삶을 증오해서는 안 됩니다.[116] 오히려 거꾸로, 이러한 삶과 소명은 하나님께서 주셨기에, 우리에겐 버릴 권리가 없는 것입니다. 하나님 그분 자신께서 우리를 삶에서 해방시키지 않으시는 한, 불평과 조바심 없이 신실하게 우리 삶을 지켜야 합니다.[117] 이처럼 삶을 '하나님의 소명(vocatio Dei)'으로 볼 때 – 이것이 모든 도덕적 행위의 토대이자 첫째 원리인데 – 이는 우리 삶을 연합시키며 삶의 모든 부분에 균형을 줍니다. 이는 각자에게 자신의 위치와 임무를 부여하며, 귀중한 평안을 줍니다. "어떤 일이 가장 천하고 낮은 일일지라도, 하나님 앞에서는 빛날 것이며, 가장 귀중한 것으로 인정받을 것이다(quod nullum erit tam sordidum ac vile opus, quod non coram Deo resplendeat et pretiosissimum habeatur)."[118]

칼뱅은 삶 전체를 하나님의 영광의 빛 속에서 걸어가는 것으

---

115) Instit. III. 9. 3.

116) Instit. III. 9. 4.

117) Instit. III. 9. 4.

118) Instit. III. 10. 6.

로 봤습니다. 자연적 삶 전체에서 하나님의 완전함을 반영치 않은 것이 없듯이, 인간의 다채로운 세계에서 어떠한 소명도 그렇게 단순한 것은 없습니다. 어떠한 노동도 천박하지 않고, 하나님의 광채를 퍼트리지 않는 것은 없으며, 하나님의 이름의 영광에 복종하지 않는 것이 없습니다. 그리고 칼뱅은 이 관점을 계속해서 더 넓은 범위에 적용합니다. 삶의 모든 소유물은 그것을 모두 버리도록 했던 금욕주의의 불명예로부터 같은 방식으로 회복되어야 합니다. 확실히 칼뱅은 그러한 소유물을 사용할 때 양심을 더럽히는 것에는 저항했으며, 신자가 "현재 삶을 멸시하고 불멸의 삶을 묵상하면서(praesentis vitae contemptu et immortalitatis meditatione)" 행동해야 한다고 주장했습니다. 그러나 또한 그는 이러한 소유가 단지 우리의 필요만 충족시키는 것이 아닌, 즐거움과 기쁨을 위해서 주신 하나님의 선물이라는 것도 강조했습니다. 하나님께서 나무와 식물과 꽃으로 땅을 장식하실 때, 인간의 마음을 기쁘게 하시려고 포도나무를 자라게 하실 때, 햇빛에 반짝이는 귀금속을 사람이 땅에서 파내도록 허락하실 때... 이 모든 일은 하나님께서 이 땅의 소유물을 단지 우리의 필수품 보급용으로서가 아닌, 삶의 기쁨을 위해서도 주신 것임을 증거합니다.[119] 번영

---

119)   Instit. III. 1. 10ff.

과 풍부와 풍요 또한 하나님의 선물이며, 감사와 절제로서 누릴 수 있습니다. 칼뱅은 또한 엄격한 규율에 양심이 속박되는 것을 원치 않았고, 단지 이에 대해 성경에 적혀있는 일반적인 원리들을 가지고 스스로 자유롭게 절제하기를 기대했습니다.[120]

제네바의 종교개혁자가 이 황금률을 계속 실천적으로 고수하지 않았음은 인정해야 합니다. 그는 개인의 자유를 위한 여지를 남기는 대신에, 삶의 모든 나침반을 명확한 규칙 아래 두려고 노력했습니다. 당회(Consistory)는 "하나님께서 순수하게 돌보시도록 주님의 양떼를 부지런히 살피는(invigilare gregi Domini ut Deus pure colatur)" 일을 맡았는데, 모든 부적절한 말과 잘못된 행위를 검열해야 했고, 신앙의 정통성과 교회 출석을 지켜봐야 했으며, 로마 가톨릭 관습과 세속적인 오락을 감시했고, 가정생활과 자녀 교육을 감독해야 했습니다. 또한 가게에 있는 상인에게, 작업장에 있는 장인에게, 시장에 있는 상인에게 계속해서 주의를 기울여, 삶의 모든 영역을 가장 엄격한 규율 아래 두어야 했습니다. 심지어 소방서와 야간 순찰, 시장 시설과 거리 청소, 무역과 산업, 소송 절차와 사법 행정을 위한 규정조차 칼뱅의 저작 속에서 발견됩니다. 제네바가 맞닥뜨렸던 상황을 고려할 때 이런 모든

---

120)　　Instit. III. 10. 1; Comm. on Deut, I. 15; xii. 15; xxii. 5; on Isaiah, iii. 16; on Lam, v. 5.

조치들은 정당화 될 수 있겠습니다. 하지만 칼뱅이 도입한 이런 도덕적 치안 체제가 비록 그 시대를 위한 탁월한 결과물로서 분명 필요하고 건설적이었을지라도, 다른 시대와 다른 조건에는 여전히 적합하지 않는, 너무 멀리 나갔던 것이었음을 부인할 사람은 없을 것입니다.

그러나 칼뱅의 업적에 대한 이러한 비판은 그가 외쳤던 원리의 영광을 결코 손상시키지 않습니다. 칼뱅이 츠빙글리를 본받아 주장한 것은 단순히 종교적이거나 교회적인 개혁이 아니었고, 삶전체를 포괄하는 도덕적 개혁이었습니다. 츠빙글리와 칼뱅은 로마 교회의 유대주의적 독선에 맞섰을 뿐만 아니라 모든 이교적 방종에 대해서도 맞서서, 둘 다 대등한 기세로 싸웠습니다. 두 사람모두, 모든 부분에 있어서 하나님의 말씀이 가르치는 원리에 따라 영감받고 인도받는 국가적 삶을 원했습니다. 두 사람 모두, 그들의 신학적 원리에 의해 이 관점으로 이끌렸는데, 그들은 그들의 모든 생각과 행위의 출발점을 하나님 안에서 취했고, 평생토록 그분과 함께 행했으며, 자기 존재와 모든 소유를 다 제물로 하나님께 돌려드렸습니다. 모든 일의 이면에는 하나님의 주권적 뜻이 감추인 바 되었고, 또한 이루어집니다. 그 내용, 곧 하나님의 뜻의 핵심은 복음 안에서 우리에게 알려졌습니다. 복음으로 말미암아 우리는 하나님이, 모든 반대에도 불구하고 그분 자신을 교회의 구원으로, 세계의 구속으로, 그의 완전함의 찬송으로 내어 주시는, 자

헤르만 바빙크의 일반은총

비로우시며 은혜로우신 아버지이심을 압니다. 하나님의 뜻은 무력한 소망이 아니라, 전능한 능력입니다. 택자는 믿음 안에서 이것을 인식하는데, 참된 신앙은 인간의 영혼 속에서 하나님의 사역을 경험하는 것이고, 그로 인해 흔들리지 않는 확신, 부동의 신뢰, 하나님과의 교제를 통해 모든 고통과 위험을 극복하는 능력을 얻습니다. 이러한 하나님의 은혜롭고 전능한 뜻은 복음 안에서만 알려지며 신앙 안에서만 경험되지만, 단독으로 있는 게 아니며, 세상 도처에서 동일한 [하나님의] 뜻에 둘러싸이며, 지지받고, 강화됩니다. 특별은총은 일반은총에 의해 둘러싸여 있습니다. 믿음 안에서 우리에게 온 소명은 이 땅에서의 부르심에서 우리에게 제시된 소명과 연결되어 있고, 또한 우리를 연결합니다. 믿음을 통해서, 믿음 가운데 우리에게 계시된 선택 교리는 우리의 전 삶에 그 능력을 전달합니다. 창조와 중생의 하나님은 한 분이십니다. 그러므로 신자는 그의 믿음 안에서 만족할 수 없고, 그 믿음을 선택의 근원까지 끌어올려, 온 세상을 정복하는 데까지 나아갈 유리한 고지로 삼아야 합니다.

선택 교리에 대한 믿음이 가슴으로부터 우러난 진정한 신앙의 확신이 된다면 그는 결코 부주의하거나 불경해지지 않는다는 것을 역사는 증명해왔습니다. 특히 칼뱅에 의해 발전되고 고백된 예정론은 모든 로마 가톨릭의 오류를 그 뿌리부터 차단하는 원리입니다. 로마 가톨릭에게 특별 계시는 주로 특정한 신비를 나타내는 것이었습니다. 하지만 칼뱅에게 특별 계시는 계시의 말씀을 통해서 특별 계시를 인식하게 하는 하나님의 은혜로우시며 아버지다우신 뜻을 의미했습니다. 로마 가톨릭에게 믿음은 '재량공로(meritum congrui)'의 원리에서 은혜를 위해 인간을 준비시키는 지적 동의에 지나지 않았습니다. 하지만 칼뱅에게 믿음은 은혜 그 자체를 받아들이며, 하나님의 능력을 경험하는 것이자, 하나님에 대한 의심의 여지가 없는 확신이며, 그 본성상 하나부터 열까지 종교적인 것이었습니다. 로마 가톨릭에게 은혜는 주로 사람의 의지를 강화하여 교회가 규정한 다양한 공로를 수행할 자질을 얻게 하는 수단이었다면, 칼뱅에게 믿음을 통해 주어진 은혜는 하나님의 뜻을 받들 기관으로서의 자리까지 인간을 격상시키며, 인간이 하나님의 임재와 그분의 영광 앞에서 그분 뜻에 합당히 행하도록 만드는 것이었습니다. 루터와 츠빙글리에 의해 시작되고 칼뱅을 통해 더욱 강화 및 지속된 종교개혁은 로마 가톨릭의 초자연주의와 이원론과 금욕주의에 종말을 고했습니다. 세상을 창조하신 하나님의 뜻은 죄의 상태에도 일반은총으로 세상을 보존하시는 것이었습니다. 그 뜻은 자비로우시며 은혜로우신 아버지의 뜻인 특별은총을 통해 알려졌습니다. 그 뜻은 세상의 구원을 목표로 합니다. 그 뜻은 그분의 전능하신 활동으로 그 구원을 이루십니다. 하나님의 뜻의 지배 아래 삶 전체를 두었기에, 칼뱅의 윤리학은 다소 과도한 규제인 엄격주의와 청교도주의에 빠질 수 있었

헤르만 바빙크의 일반은총

습니다. 하지만 칼뱅의 윤리학은 그 원리에 있어서 모든 금욕주의를 반대하며, 그 범위에 있어서 보편적이고 우주적이었습니다.

한 가지 주목할만한 예시를 들어서 이를 증명해보겠습니다. 돈의 비생산적 속성에 대한 반대로, 그리고 **성경이** 고리대금을 금했다는 이유로, 중세 윤리학은 항상 일관되게 이자 받는 것을 거부했습니다. 따라서 이는 무역과 상업을 경멸의 눈으로 바라보게 했습니다. 루터, 멜란히톤, 츠빙글리와 에라스무스는 이 관점을 유지했습니다. 그러나 칼뱅은 -이 중요한 문제가 그에게 주어졌을 때- 합리적인 이익이 성경이나 돈의 본성과 상충되지 않는다는 근거를 고전 문서를 기반으로 제시한 바 있습니다. 칼뱅은 상거래가 작동하는 인생의 법칙을 고려했으며, 상업에 있어서 죄만이 눈살을 찌푸리게 할 뿐, 그 자체는 하나님을 기쁘시게 하는 소명으로 간주될 수 있으며 사회에도 유익을 줄 수 있다고 표명했습니다.[121] 이 사례는 칼뱅이 평소에 삶의 문제에 접근하는 관점을 단적으로 보여줍니다. 칼뱅은 성경에서뿐만 아니라 세상에 계시된 하나님의 뜻을 발견했고, 그 관계성을 추적하며, 조화를 회복하려고 노력했습니다. 하나님 말씀의 인도 아래 칼뱅은 모든 곳에서 하나님의 제도와 인간의 부패를 구별했고, 그렇게 하나님의 본성

---

121)   Comm. on Isaiah, xxiii. 12; on the Psalms, xv. 5; on 1 Cor. vii. 20.

과 율법의 조화 속에 모든 것을 세우고 회복하고자 했습니다. 그 자체로 부정한 것은 아무것도 없습니다. 세계의 모든 측면과 삶의 모든 소명은 하나님의 완전함의 계시이며, 따라서 심지어 가장 초라한 노동자라도 하나님의 소명을 완수합니다. 이는 칼뱅의 교리 안에 나타나는 민주적 요소입니다. 하나님은 사람들을 편애하지 않으십니다. 모든 인간은 그분 앞에서 평등합니다. 심지어 가장 초라하고 낮은 직종의 종사자라도 그가 신자라면 하나님 나라에서 한 자리를 채우며 그분의 존전에서 하나님의 동역자로 서 있습니다. 그러나 – 이것은 민주적인 관점과 반대되는 귀족적 관점이겠는데 – 모든 피조물과 모든 소명은 또한 그만의 고유한 본성을 가집니다. 이는 교회와 국가, 가정과 사회, 농업과 상업, 예술과 학문이 모두 하나님의 기관이자 선물이지만, 각각은 그 자체로 하나님의 뜻의 특별 계시이며, 바로 그렇기에 그들이 자기 본성을 소유할 수 있다는 의미입니다. 전 세계에서 나타나는 일치성과 다양성은 한결같이 주권적이시며, 전능하시며, 은혜로우시며, 자비로우신 한 분 하나님의 뜻으로 돌아갑니다.

이러한 정신으로 칼뱅은 제네바에서 일했습니다. 그러나 그의 활동은 한 도시의 영토에 제한되지 않았습니다. 제네바는 칼뱅에게 단지 중심지였을 뿐, 거기서부터 칼뱅은 모든 나라에서 일어난 종교개혁 전체를 살폈습니다. 칼뱅의 외아들이 죽어 떠났을 때, 그는 하나님께서 자신에게 성령님을 따르는 수많은 자녀들을 주셨음을 생각하며 위로를 얻었습니다. 참으로 그러했습니다. 광범위하고 포괄적인 서신 교류를 통해서 칼뱅은 종교개혁의 동역자들과 관계를 유지했습니다. 모든 질문이 칼뱅에게 보내졌습니다. 칼뱅은 위대한 운동에서 여러 지도자들의 자문관이었습니다. 그는 수백 명의 사람을 가르쳤으며, 그의 정신으로 그들을 훈련시켰습니다. 도처에서 보호와 도움을 요청하는 난민들이 로마 가톨릭을 막는 보루였던 제네바로 왔고, 새 힘을 얻어 다시 고향으로 돌아갔습니다. 따라서 칼뱅은 여러 나라에서 하나의 민족을 만든 셈입니다. 그 민족은 모든 계급, 곧 귀족, 평민, 시민, 지방 사람으로 구성되었음에도 불구하고 하나님의 소명 의식 속에서 하나였습니다. 이러한 의식 속에서 그들은 교회와 국가 모두에서 폭군 정치에 맞서 싸웠고, 그 투쟁 속에서 얻어진 자유와 권리는 지금까지도 우리의 것이 되고 있습니다.

칼뱅 자신은 이 싸움의 최전방에 서 있었습니다. 칼뱅에게 삶과 교리는 하나였습니다. 칼뱅은 예수 그리스도를 통해 자기 몸을 하나님이 기뻐하시는 거룩한 산 제물로 드렸습니다. 그리고 거기서 그의 합당한 예배가 이루어졌습니다.

"저는 심장을 사로잡아 하나님께 드립니다
(Cor Deo mactatum offero)."

III

해설

Commentary of
Common Grace

헤르만 바빙크의 일반은총

해설

우병훈 교수

(고신대학교 신학과 교의학)

1. 바빙크의 생애

헤르만 바빙크(Herman Bavinck, 1854-1921)는 1854년 12월 13일 네덜란드의 호허페인(Hoogeveen)이라는 도시에서 설교자의 아들로 태어났다.[122] 헤르만은, 개혁파 목사였던 부친 얀 바빙크(Jan Bavinck, 1826-1909)와 모친 헤지나 마흐달레나 바빙크(Gezina Magdalena Bavinck, née Holland, 1827-1900)의 일곱 명의 자녀 가운데 둘

---

[122] 이하의 내용은 아래 책들을 참조하였다. 론 글리슨, 『헤르만 바빙크 평전』, 윤석인 옮김 (서울: 부흥과개혁사, 2014); 헤르만 바빙크, 『헤르만 바빙크의 설교론』, 신호섭 옮김(군포: 도서출판 다함, 2021), 25-52.

째로 태어났습니다. 헤르만은 신학적으로 보수적이며 교회적으로 분리파인 기독개혁교회(Christelijke Gereformeerde Kerk; 1834년 분리[Afscheiding])의 배경에서 출생했습니다. 고등학교 교육을 마친 헤르만은 자신의 부친이 기독개혁 측 목사로 사역하던 마을 깜픈(Kampen)에 소재한 신학교에 신학생으로 입학했습니다.

깜픈에서의 신학교 생활 1년을 마치고 헤르만은 놀랍게도 호전적인 현대 신학 교수들이 있는 레이든 대학교(the University of Leiden)에 가서 공부하기로 결심합니다. 레이든의 신학은 개혁파 성향의 깜픈신학교 신학과는 완전히 달랐습니다. 레이든 학파는 기독교를 인류 문명의 진화 단계에서 불필요한 국면에 있는 것으로 보았고, 교회는 세속 정부에 의해 대체될 것으로 보았으며, 성경은 인본주의 노선을 따라 연구해야 할 하나의 문서로 간주했습니다.

그렇다면 십대의 바빙크는 왜 레이든에서 공부하기로 결정했을까요? 분명한 것은 바빙크의 선택이 곧 자신이 성장해 온 정통 개혁신학을 포기하는 것은 아니었다는 점입니다. 다만 그는 깜픈보다 훨씬 더 혹독하게 신학에 대한 학문적 훈련을 받고자 했을 뿐입니다. 특히 레이든 대학의 개혁파 목사 요하네스 헨드리쿠스 도너(Johannes Hendricus Donner: 1824-1903)의 존재가 가장 큰 동기 중 하나였습니다.

1874년부터 1880년까지 바빙크는 레이든에서 요하네스 스홀

튼(Johannes Scholten)과 아브라함 꾸에넌(Abraham Kuenen)과 같은 네덜란드의 학문적 신학의 거성들에게 사사했습니다. 교의학과 신약학을 가르쳤던 스홀튼은 일원론자였으며, 결정론을 반대했습니다. 꾸에넌은 구약과 윤리학을 가르쳤습니다. 코르넬리스 틸레(Cornelis Petrus Tiele)는 종교사를 가르쳤고, 로더베이크 라우번호프(Lodewijk W. E. Rauwenhoff)는 교회사, 교리사, 종교철학 등을 가르쳤습니다. 얀 란트(Jan P. N. Land)는 철학을 가르쳤는데, 칸트주의자에서 반-칸트주의자로 바뀐 사람이었습니다. 란트는 경험주의자로서 실재론을 강력하게 옹호했습니다. 또한 레이든 시기에 바빙크는 네덜란드 신 칼빈주의의 새롭게 떠오르는 스타였던 아브라함 카이퍼(Abraham Kuyper, 1837-1920)에게 영향을 받고 있었습니다.

바빙크는 스위스 종교개혁자 울리히 츠빙글리의 윤리학에 관한 박사 학위 논문을 썼습니다. 지도교수는 요한네스 스홀튼이었습니다. 이어서 바빙크는 기독개혁교회(Christelijke Gereformeerde Kerk=CGK)에서 안수를 받게 됩니다.

바빙크의 평생 절친은 흐리스티안 스눅 후르흐론녀(Christiaan Snouck Hurgronje: 1857-1936)였습니다. 그는 탁월한 이슬람 학자이자 신학적으로 자유주의적인 학생이었는데, 바빙크가 평생 매우 친밀한 우정을 나누었던 사람이었습니다.

바빙크가 전통적 개혁교회에 속했지만 레이든에서 자유주의 신학을 공부했기에 현대의 학자들은 "두 바빙크 이론"을 제시하기도 합니다. 이 이론은 "근대적인 바빙크"와 "정통적인 바빙크"를 대조시킵니다. 바빙크의 작품이 정통주의와 근대주의의 정반대되는, 따라서 결코 화해할 수 없는 다른 두 사람의 글로 읽힌다는 주장입니다.

하지만 바빙크 안에는 근대성과 정통성이 유기적인 조화를 이루면서 함께 들어 있습니다. 바빙크의 유기체 사상이 그것을 가능하게 했습니다. 유기체 사상이란 이전에 오해되던 것처럼 바빙크가 독일 관념론 (특히 헤겔) 철학의 영향을 받아서 형성한 것이 아닙니다. 유명한 바빙크 연구가인 제임스 에글린턴(James Eglinton)이 잘 보여준 것처럼 바빙크는 자신의 유기체론을 삼위일체론에 근거하여 발전시켰습니다. 유기체론의 특징은 통일성과 다양성이 조화를 이루는 데 있습니다.

바빙크에게 창조주 하나님은 피조계 전체를 통해 발견되는 다양성 내의 통일성(unities-in-diversity)의 모형들을 가능하게 하시고, 그것들에 의해 드러나시는 다양성 내의 통일성(unity-in-diversity)의 원형이십니다. 그런 의미에서 바빙크는 자신의 신학적 헌신과 노력으로 정통적이며 동시에 근대적인 신학자가 되려고 분투한 인물이었습니다.

박사학위를 받은 이듬해인 1881년 바빙크는 네덜란드 북부 프리슬란트(Friesland)에 위치한 작은 도시 프라네꺼르(Franeker)

에 있는 교회의 목사가 되었습니다. 1881년 6월 16일에 바빙크가 스눅에게 쓴 편지를 보면 바빙크는 매주일 두 번 설교하고 주중에 네 차례 교리문답을 가르치며 동시에 가정과 환자들을 방문하여 많은 시간을 보냈습니다. 또한 장례식도 집례해야 했습니다.

바빙크는 주로 설교 원고 없이 메모로 설교하는 습관을 지녔는데 이는 그가 수십 년 동안 설교했음에도 불구하고 왜 그의 설교문이 단 한 편만 인쇄된 상태로 남게 되었는지를 설명해 줍니다.

바빙크는 비록 목회사역을 짧게 했지만, 성도들의 사랑을 많이 받았습니다. 그가 깜픈의 교수직을 맡기 위하여 프라네꺼르를 떠날 때 그 교회의 장로 중 한 사람은 "우리 교회 회중 전체뿐만 아니라 그 너머에 있는 사람들"에게 "매우 존경받는 교사"를, 그리고 "그의 영광스러운 설교"를 상실하게 되었다고 언급하기도 했습니다.

1882년 말에 바빙크가 속한 교단 총회는 그를 깜픈신학교의 교의학 교수로 초빙합니다. 바빙크는 그 초청을 수락하여 1883년부터 1901년까지 깜픈에서 가르쳤습니다. 공교롭게도 바빙크가 임용된 나이와, 일전에 그의 부친이 깜픈에서 가르쳐 달라는 초청을 거절했던 나이는 스물여덟로 같습니다. 바빙크는 그의 일기(1882년 8월 24일)에서 이 임용에 대해 "나와 아버지에게 참으로 인상적인 순간이었다"고 기록했습니다.

1891년, 바빙크는 요하나 아드리아나 스히퍼스(Johanna Adria-

헤르만 바빙크의 일반은총

nna Schippers)와 결혼을 합니다. 3년 뒤 1894년에는 그들의 유일한 자녀였던 딸 요하나 헤지나(Johanna Geziena)가 태어났습니다.

깜폰에 머무르던 시절, 바빙크는 1892년 개혁교회연합에서 아브라함 카이퍼와 함께 주요한 인물이었고 네덜란드 개혁교회에서 탈퇴한 카이퍼가 이끌었던 그룹(돌레안치, Doleantie; 1886년 창립)과 기독개혁교회(CGK)가 연합하는 것을 경험합니다. 두 교단은 합쳐졌지만 신학교는 합쳐지지 않았습니다. 그 사이에서 바빙크는 두 교단을 연합시키려고 하다가 양쪽 진영 모두에서 오해를 받기도 하고, 공격을 받기도 했습니다.

두 교단이 연합된 지 10년 후에, 바빙크는 깜폰을 떠나 암스테르담 자유대학교(Vrije Universiteit Amsterdam)의 신학 교수직을 수락하고, 1902년부터 인생의 말년까지 가르쳤습니다. 이 기간은 그가 정치와 철학과 교육에 광범위하게 관여한 시기였습니다. 실제로 1911년 바빙크는 상원의원으로 선출되기도 했습니다.

1908년, 바빙크는 미국의 프린스턴 신학교의 그 유명한 스톤 강좌(Stone Lectures)에서 강의했습니다. 이 강연들은 『계시 철학』(*The Philosophy of Revelation*)이라는 제목으로 출간되었습니다. 바빙크는 이 기간에 설교도 계속 했지만, 스톤 강좌와 같은 대중 강연에 큰 힘을 쏟았고, 정치 집회와 청소년 집회, 강의 위원회, 선교회 모임, 대학 행사, 학생 집회 등과 같은 대중 강연에서 정기적으로 연설했습니다.

1920년 레이우바르던(Leeuwarden)에서 열린 총회에 참석한 후, 바빙크는 심장마비로 고생하게 되고, 이때부터 건강은 계속 나빠지기 시작했습니다. 1921년 7월 29일, 카이퍼가 세상을 떠난 지 몇 달이 채 못 되어, 67년의 일기로 암스테르담에서 세상을 떠났습니다.

2. 일반은총론에 대한 바빙크의 연구

이제 바빙크의 일반은총론을 다루겠는데, 먼저 용어 번역에 대해 생각해 볼 필요가 있습니다. 영어로 "common grace"에 대한 번역어로 "일반은총", "공통은총", "보편은총", "공통은혜", "보편은혜", "일반은혜" 등이 있지만, 이 책에서는 "일반은총"으로 통일했습니다. 이 용어를 설명하는 용례들을 보면 "공통은총"이라는 번역어도 가능합니다. 신자와 불신자가 일반적으로 공유하는 은혜라는 뜻에서입니다. 하지만 이 은혜가 "특별은총"에 대비되는 개념인 것을 고려하면 "일반은총"이라는 역어도 좋아 보입니다. 또한, "일반은총"에서, "일반"이라는 말을 떼고 남은 "grace"는 보통 "은혜"로 번역하기 때문에 "일반은혜"라는 번역어도 좋습니다. 하지만 카이퍼가 잘 지적하듯이, "은혜"라는 말을 사용할지라도 "구원하는 은혜"가 아닌 "은총"(favor)이라는 의미로 이해되어야

헤르만 바빙크의 일반은총

합니다.

오늘날 개혁주의 세계에서 '일반은총론'이라고 하면 보통 아브라함 카이퍼를 떠올립니다. 물론 일반은총론은 초기 근대 개혁파 신학에서 가르쳤던 바였지만, 근대에 와서 그 교리가 확장되고 체계화된 것에는 카이퍼의 공로를 인정하지 않을 수 없습니다. 카이퍼는 인간이 타락한 이후에도 하나님께서 인간의 삶의 보존을 위해 베푸시는 은총에 대해서 "일반은총"이라고 불렀습니다. 이 은총은 신자와 불신자 모두에게 일반적으로, 공통적으로 주어지는 은총이기 때문에 "'일반'은총"이라고 불립니다. 그리고 이에 대비되는 개념은 "특별은총"으로서, 그리스도를 통해 주어지는 구원의 은총입니다.

카이퍼는 자신의 일반은총론을 창세기에 나오는 노아 언약에 근거하여 발전시켰습니다. 그는 "일반은총 교리의 확정된 역사적 출발점은 홍수 사건 후에 하나님이 노아와 맺은 언약에 있다."라고 주장합니다. 그는 하이델베르크 교리문답의 제27문답이 이것을 드러내고 있다고 말하면서, "'채소와 풀, 비와 가뭄' 그리고 훨씬 더 많은 것들이 '우연히가 아니라 하나님 아버지의 손에 의해 우리에게 온다'는 하나님의 섭리에 대한 묘사는 창세기 8장 22절의 '땅이 있을 동안에는 심음과 거둠과 추위와 더위와 여름과 겨울과 낮과 밤이 쉬지 아니하리라'는 말씀에서 명백하게 나온다."고 주장합니다.

카이퍼는 기독교 주간신문, '더 헤라우트'(De Heraut)에 1895년 9월부터 1901년 7월까지 약 6년에 걸쳐 일반은총 교리를 연재했고, 이것이 세 권의 책으로 묶여 1902-1904년에 『일반은총』(De Gemeene Gratie)이라는 책으로 출간되었습니다. 이처럼 일반은총에 대해 가장 광범위한 논의를 전개한 사람은 카이퍼였지만, 사실 카이퍼가 일반은총을 논하기 9개월 전인 1894년 12월 6일에 바빙크는 깜픈신학교 교장 이임특강으로 「일반은총」이라는 연설을 했습니다. 이 연설을 통해서 일반은총을 부활시키고자 폭넓은 문화적 기획과 관심에 대한 신학적 기초를 놓았습니다. 여기서 바빙크는 일반은총 교리를 카이퍼보다 먼저 상당한 정도로 발전시켰습니다. 사실 바빙크는 이미 깜픈 신학교 1차 교장 이임특강인 「기독교와 교회의 보편성」(Catholicity of Christianity and Church, 1888)에서 일반은총이라는 주제를 꺼낸 바 있지만, 그 주제는 1894년의 2차 교장 이임특강에서 보다 완전한 논의로 싹트기 시작했습니다.

이 연설뿐만 아니라 보다 이후에 쓰인 논문인 "칼뱅과 일반은총(Calvin and Common Grace)"에서 바빙크는 일반은총 교리의 근원을 칼뱅에 이르기까지 추적하며, 그 교리가 성경에 기초한다고 보았습니다. 칼뱅은 하나님께서 일반은총을 통해 인간의 삶과 문화뿐만 아니라 창조의 나머지 부분까지도 그 분 자신의 목적을 위해 유지하신다고 보았습니다. 그래서 일반은총은 하나님

헤르만 바빙크의 일반은총

께서 모든 것을 아우르는 섭리의 측면으로 여겨집니다(『기독교강요』, 2.2.3). 일반은총은 타락에 기인하는 인간의 근원적인 타락에도 불구하고 창조의 선함을 유지합니다. 일반은총은 인간의 모든 미덕과 성취의 근원이며, 심지어는 하나님께서 베푸시는 구원의 은혜로 거듭나지 않은 불신자에게도 그러합니다(『기독교강요』, 2.2.12-17).

죄악된 인간 안에도 여전히 선한 것이 있습니다. 이 사실은 우리가 모두 경험하는 것이라고 칼뱅은 주장합니다(『기독교강요』, 2.3.4). 이러한 선은 인간에게 근거하지 않고, 타락한 인류를 향하신 하나님의 자비에 근거합니다. 칼뱅에게 일반은총은 자기 시대에 펠라기우스주의적이며 반(半)펠라기우스주의적인 로마 가톨릭에 대항하는 논증에서 근본적이고 핵심적인 단계로 기능합니다.

3. 바빙크의 일반은총론의 7가지 특징

바빙크는 크게 세 개의 작품에서 일반은총론을 자세히 다룹니다. 첫째 작품은 그의 『개혁교의학』이고, 둘째 작품은 1894년 깜픈신학교 교장 이임특강으로 행한 『일반은총』입니다. 셋째 작품은 "칼뱅과 일반은총"이라는 작품인데, 1909년에 「프린스턴 신학 리뷰」(The Princeton Theological Review)에 실린 작품입니다. 이 세 작품

외에도 가령 바빙크의 『개혁윤리학』(*Reformed Ethics*)에도 일반은총론이 나오기는 하지만 『개혁교의학』에 나오는 것만큼 포괄적이지는 않습니다. 따라서 이 글의 목적을 위해서는 이상에서 언급된 세 개의 작품만을 한정하여 살펴보는 것으로 충분해 보입니다. 이해를 돕기 위해서 『개혁교의학』에 나타난 일반은총에 관한 바빙크의 논의를 7가지 주제로 제시하여 설명하겠습니다. 바빙크의 『개혁교의학』 네 권 전체에 일반은총에 대한 언급이 분포되어 있습니다.

(1) 일반은총의 성경적 근거

첫째, 바빙크는 일반은총론을 성경에서부터 찾으려고 합니다. 카이퍼와 마찬가지로 바빙크는 노아 언약(창 8:21-22, 9:1-17)에서 일반은총론의 근거를 찾습니다. 바빙크는 노아 언약을 은혜 언약과 구분되는 자연 언약(*foedus naturae*)이라고 부르며, 넓은 의미의 은혜언약이라고 부르기도 하는데,[123] 노아 언약을 자연 언약이라고

---

123) 이하에서 바빙크의 『개혁교의학』을 인용할 때에는 아래의 원전과 번역본들을 기준으로 하겠다. Herman Bavinck, *Gereformeerde Dogmatiek*, 4 vols. (Kampen: J. H. Kok, 1976); Herman Bavinck, *Reformed Dogmatics*, ed. John Bolt, tr. John Vriend, 4 vols. (Grand Rapids, MI: Baker Academic, 2003-2008); 헤르만 바빙크, 『개혁교의학』, 1~4권, 박태현 옮김(서울: 부흥과개혁사, 2011). 아울러 페이지 수 뒤에 '#'와 함께 들어가는 숫자는 『개혁교의학』의 단락 숫자(section number; 총 580개 단락)를 가리킨다.

부르는 이유는 아래 구절들에서 보듯이 하나님께서 인간뿐 아니라, 자연과 언약을 맺으셨기 때문입니다.

> 여호와께서 그 향기를 받으시고 그 중심에 이르시되 내가
> 다시는 사람으로 말미암아 땅을 저주하지 아니하리니 이
> 는 사람의 마음이 계획하는 바가 어려서부터 악함이라 내
> 가 전에 행한 것 같이 모든 생물을 다시 멸하지 아니하리
> 니 땅이 있을 동안에는 심음과 거둠과 추위와 더위와 여
> 름과 겨울과 낮과 밤이 쉬지 아니하리라
>
> 창세기 8:21-22

또한 바빙크는 성부의 돌보시는 사역(행 14:16-17, 17:27-28; 롬 1:20; 약 1:17), 성자의 사역(요 1:9), 성령의 사역(창 6:17, 7:15; 시 33:6, 104:30, 139:2; 욥 32:8; 전 3:19)에서 일반은총론의 성경적 근거를 찾습니다. 여기서 특징적인 점은 바빙크가 일반은총론을 삼위일체 하나님의 사역으로 본다는 점입니다.[124]

---

124) 하나님이 지나간 세대에는 모든 민족으로 자기들의 길들을 가게 방임하셨으나 그러나 자기를 증언하지 아니하신 것이 아니니 곧 여러분에게 하늘로부터 비를 내리시며 결실기를 주시는 선한 일을 하사 음식과 기쁨으로 여러분의 마음에 만족하게 하셨느니라 하고(행 14:16-17) ; 이는 사람으로 혹 하나님을 더듬어 찾아 발견하게 하려 하심이로되 그는 우리 각 사람에게서 멀리 계시지 아니하도다 우리가 그를 힘입어 살며 기동하며 존재하느니라 너희 시인 중 어떤 사람들의 말과 같이 우리가 그의 소생이라 하니(행 17:27-28); 참 빛 곧 세상에 와서 각 사람에게 비추는 빛이 있었나니(요 1:9); 여호와의 말씀으로 하늘이 지음이 되었으며 그 만상을 그의 입 기운으로 이루었도다(시 33:6); 주

(2) 일반은총의 의미

둘째, 일반은총은 타락 이후에 죄를 억제하고 인간 삶과 피조물의 존속을 위하여 주어졌습니다. 『개혁교의학』 3권에서 바빙크는 노아 언약과 관련하여 이 주제를 다룹니다. 바빙크는 노아와 맺으신 언약(창 8:21-22, 9:1-17)은 은혜 언약을 지지하고 마련하기 때문에, 은혜에 뿌리박고 있고 은혜 언약과 매우 긴밀한 연관성을 지닌다고 주장합니다. 하지만 그는 노아 언약이 은혜 언약과 동일하지는 않으며 오히려 "하나님이 모든 인간 그리고 심지어 모든 피조물과 체결한 인내의 언약(*foedus longanimitatis*)"이라고 주장합니다. 이하에서 그는 이 언약을 "자연 언약"(*foedus naturae*)이라고 부르기도 합니다. 그는 인류의 존재와 생명, 민족들의 확대와 발전을 이 언약의 결과로 설명하며, "가장 야만적인 민족들 가운데서조차 전적으로 상실되지 않은 종교와 도덕, 고도로 발달한 예술과 학문은 이 은혜로 말미암은 것"이라고 주장합니다. 그리고 이어서 다음과 같이 주장합니다.

> 심지어 타락 후 죄악된 인간이 모든 영역에서 여전히 소유한 모든 선한 것, 시민적 정의(*justitia civilis*) 전체는 하나님의 **일반**

의 영을 보내어 그들을 창조하사 지면을 새롭게 하시나이다(시 104:30).

헤르만 바빙크의 일반은총

은총의 열매다. 하나님이 이방인들로 하여금 각기 제 길로 다니도록 허락했으나(행 14:16), 그들에게서 떠난 것은 아니다. 하나님이 그들에게 자신을 증거하지 않은 것은 아니며, 그들이 거주하는 경계를 제한하며, 그들 각 사람에게서 멀리 떠나계시지 않으며, 그 손의 사역 가운데 그들에게 자신을 증거했다(행 14:16-17, 17:27-28; 롬 1:20; 약 1:17). 로고스는 세상에 와서 각 사람을 비춘다(요 1:9). 성령은 모든 생명, 능력과 미덕의 저자이며, 심지어 이방인들 가운데서도 마찬가지다(창 6:17, 7:15; 시 33:6, 104:30, 139:2; 욥 32:8; 전 3:19). 그리스도 이전의 인류는 이 은혜를 통하여 그리고 이 자연 언약(*foedus naturae*)의 세대 아래에서 인도를 받았고, 그리스도의 오심을 위해 준비되었다.[125]

바빙크는 타락 후에 인간이 여전히 어느 정도의 선을 유지하며, 문화를 이룰 수 있었던 이유를 일반은총에 돌립니다. 그리고 그 근거를 삼위일체의 사역을 묘사한 성경에서 찾는데, 곧 성부의 사역(행 14:16-17, 17:27-28; 롬 1:20; 약 1:17), 성자의 사역(요 1:9), 성령의 사역(창 6:17, 7:15; 시 33:6, 104:30, 139:2; 욥 32:8; 전 3:19)이 그것입니다. 바빙크의 사상에서 일반은총과 특별은총이 상호 밀접한 연관성을 가지는 이유는, 그가 은혜 언약과 자연 언약의 유기적 관

---

125) Bavinck, *Gereformeerde Dogmatiek*, 3:199(#347); Bavinck, *Reformed Dogmatics*, 3:218-19(#347); 바빙크, 『개혁교의학』, 3:266-67(#347).

련성 속에서 활동하시는 삼위일체 하나님의 사역을 주목하기 때문입니다.

『개혁교의학』 4권에서 바빙크는 "부르심(소명)"과 관련하여 일반은총을 다룹니다. 바빙크에 따르면, "하나님은 자연과 역사를 통해, 마음과 양심을 통해, 복과 심판을 통해, 율법과 복음을 통해 인간을" 부르시는데, "가장 넓은 의미의 부르심(소명)은 타락한 피조물에 대한 하나님의 권리에 대한 설교"입니다. 그러한 부르심이 없이는 인류는 존재할 수 없습니다. 그 부르심이 인간 사이의 의존성, 존경, 경외, 의무, 책임성 등과 모든 종교적 의식들과 도덕적 의식들을 주장하기 때문입니다. 바빙크는 종교, 도덕, 법, 예술, 학문, 가정, 사회, 국가 등이 모두 하나님의 부르심에 근거를 두고 있다고 주장합니다. 바빙크는 여기에서 "율법과 복음을 통한 부르심"을 모두 생각하고 있습니다. 그는 이러한 부르심이 죄를 예방하며, 허물을 감소시키고, 인간의 부패와 비참을 저지하기에, "억제하는 은혜"(*gratia reprimens*)라고 부를 수 있다고 말합니다. 또한 그 은혜를 "예비적 은혜"(*gratia praeparans*)라고 부르는데, "율법과 복음을 통한 부르심의 목적은 또한 부르심이 제공하고 작용하는 모든 것을 통해 인류와 개별적 인간 안에 그리스도의 오심을 준비"하기 때문입니다.

이처럼, 일반은총은 문화, 학문, 예술, 법 등이 발달하기 위한 근거가 되며, 도덕과 윤리, 종교와 정신적 삶의 토대를 제공하니

헤르만 바빙크의 일반은총

다. 죄악된 인간이 모든 영역에서 여전히 소유한 모든 선한 것은
일반은총의 열매입니다.

(3) 일반은총과 특별은총의 관계

셋째, 일반은총은 특별은총의 배경과 예비가 됩니다. 실제로 특별
은총이 작용할 때에는 일반은총과 엮여서 작용합니다. 일반은총
론이 작정 및 예정과 함께 다뤄져야 하는 이유가 바로 여기에 있
습니다.

『개혁교의학』 2권에서는 일반은총론이 작정 및 예정과 관련
하여 다뤄져야 함을 강조합니다. 바빙크는 카이퍼가 '우리 개혁파
교의학이 어떤 의미에서 성경과 모순되게 예정을 거의 이성적 피
조물들의 영원한 생사화복에 관한 하나님의 작정으로만 이해하
지 않았는가?'라고 제기한 질문을 인용합니다. 그리고 그에 관해
답변하기를 과거에 학자들이 비록 작정에서 인간을 올바로 전면
에 부각시켰을지라도, 너무 일방적으로 천사와 인간을 주목한 나
머지 그 외의 하나님의 창조를 보지 못했기에 예정 교리의 수립
을 위한 일반은총을 전혀 사용하지 않았다고 말합니다. 바빙크는
"일반은총은 또한 하나님의 경륜의 교리 가운데서도 과거보다 훨
씬 더 정당하게 취급되어야 하고, 그 고유한 가치가 인정되어야 한
다."라고 주장합니다.

일반은총과 특별은총의 관계는 『개혁교의학』 3권에서도 나옵니다. 먼저 바빙크는 구속 언약(*pactum salutis*)의 시행에 있어서 넓은 의미의 은혜 언약과 좁은 의미의 은혜 언약을 구분하면서 일반은총을 다룹니다. 좁은 의미의 은혜 언약이란 그리스도를 통해서 주어진 구원이고, 넓은 의미의 은혜 언약이란 이 구원을 위해서 모든 인류에게 주신 은혜의 약속입니다. 바빙크는 이 후자의 은혜 언약과 일반은총을 연결시키며 이렇게 말합니다.

> 타락 후 하나님의 입에서 아담과 하와에게 언급된 첫 번째 은혜의 약속은 전체적으로 보편적이며 인류 전체에 연관된다는 사실이다. 우리는 앞서 창세기 3장에서 죄에 대해 선언된 모든 형벌은 동시에 하나님의 은혜의 계시로 인정될 수 있다고 지적했다. 여기서 이 은혜는 그 어떤 제한도 없이 모든 인류에게 확대된다. **일반은총과 특별은총은 여전히 단 하나의 수로를 통해 흐른다.** 하나님이 범죄 후에 뱀, 여자 그리고 남자에 대해 선언한 형벌에는 하나님의 진노보다는 자비가 더 드러난다. ... **아담에서 노아에 이르기까지의 긴 기간 동안 이 모든 것은 하나님의 일반은총과 특별은총의 영향 아래 발전했다.** 하나님이 창조시 다양한 피조물들 가운데 부여했던 본래의 능력은 물론 쇠약해졌으나, 타락 후에도 여전히 오랫동안 영향을

미쳤다.[126]

바빙크는 여기에서 두 가지를 지적합니다. 첫째는 타락한 아담에게 주어진 형벌 안에는 여전히 은혜의 요소가 있다는 사실이고, 둘째는 일반은총과 특별은총은 함께 엮여서 작용한다는 사실입니다. 이처럼 바빙크는 일반은총만 단독으로 생각해서는 안되고, 반드시 특별은총과 연관해서 생각해야 한다는 점을 강조했습니다.

바빙크는 은혜 언약이 가진 성격을 다루면서 이 사실을 더욱 분명히 합니다. 그는 은혜 언약은 "오늘날까지 하나님이 모든 피조물들과 수립한 자연 언약(*foedus naturae*)을 통해 사방으로 둘러싸여 있으며 지지를 받는다."라고 주장합니다. 그리고 이어서 다음과 같이 주장합니다.

> **특별은총(*gratia specialis*)은 물론 본질적으로 일반은총(*gratia communis*)과 구별된다 할지라도, 일반은총과 가장 긴밀한 관계를 맺는다.** 결국, 비록 노아와의 언약이 다른 것과의 구별을 위해 자연 언약(*foedus naturae*)이라고 불릴지라도, 이 언약은 하나님의 본성에서 떠나지 않으며, 사물들의 본성으로 주어지

---

126) Bavinck, *Gereformeerde Dogmatiek*, 3:198(#347); Bavinck, *Reformed Dogmatics*, 3:216(#347); 바빙크, 『개혁교의학』, 3:264(#347). 볼드체는 필자의 것이다.

지 않는다. 노아 언약 역시 은혜에 기초하며, 하나님의 오래 참으심에서 흘러나왔고 하나님의 보편적 선하심(*Gods algemeene goedheid*)에서 비롯된 모든 자연적 유익들과 복들을 제공한다. 이 언약은 넓은 의미에서 은혜의 언약(*een verbond der genade in ruimeren zin*)이다. 더 나아가, **성자**를 떠나서가 아니라, 구체적으로 **로고스**와 **성령**을 통하여 자연과 거듭나지 않은 인류 가운데 있는 모든 능력과 은사들을 산출하는 이는 **성부**다(요 1:4, 5, 9, 10; 골 1:17; 시 104:30, 139:7). 그리고 모든 피조물들과 사람들 가운데 거하고 사역하는 이 **로고스**와 이 **성령**은 동일한 분들인데, 그분들은 그리스도와 그리스도의 영으로서 은혜 언약 가운데 있는 모든 은덕들의 획득자이며 적용자다. 그러므로 **성부**와 **성자**와 **성령**은 자연 언약(*foedus naturae*) 가운데 은혜 언약(*foedus gratiae*)을 마련하고, 말하자면 은혜 언약(*foedus gratiae*)에서 다시금 자연 언약(*foedus naturae*)으로 거슬러 올라간다.[127]

여기에서도 역시 바빙크는 특별은총과 일반은총의 긴밀한 관계성을 지적합니다. 은혜 언약은 노아 언약, 즉 자연 언약을 배경으로 하여 주어진 것입니다. 바빙크는 노아 언약을 "넓은 의미에서 은혜의 언약"이라고 부르는데, 하나님의 보편적인 선하심을 제

---

127) Bavinck, *Gereformeerde Dogmatiek*, 3:206(#349); Bavinck, *Reformed Dogmatics*, 3:225(#349); 바빙크, 『개혁교의학』, 3:274(#349). 이해를 돕기 위해 한역을 약간 수정했다. 볼드체와 원전에 있는 라틴어 삽입은 필자의 것이다.

헤르만 바빙크의 일반은총

공하기 때문입니다. 또한 여기에서 바빙크는 성부, 성자, 성령의 사역적 통일성을 지적합니다. 즉 성부, 성자, 성령의 사역은 구원에서만 아니라 자연적 삶 가운데서도 여전히 역사한다는 사실입니다. 바빙크는 자연 언약 가운데 은혜 언약이 마련되기에 특별은총은 일반은총을 배경으로 하며, 두 은혜의 출처는 삼위 하나님임을 분명히 합니다.

(4) 일반은총의 기원과 작용 방식

넷째, 일반은총은 그 기원에 있어서 하나님의 보편적 선하심에 근거를 둡니다. 그리고 그 내용은 이미 구속 언약 교리에 포함되어 있습니다. 또한 일반은총은 그 역사 속 실현에 있어서 삼위일체 하나님의 공통된 외적 사역에 근거를 둡니다. 그렇기에 일반은총과 특별은총은 단 하나의 수로를 통해 흐른다고 말할 수 있습니다.

　바빙크는 또한 불신자의 선행 문제와 관련하여 일반은총을 다룹니다. 그는 『하이델베르크 교리문답』 91문답을 인용하면서, 선행이란 참된 믿음을 원리로, 하나님의 율법을 규범으로, 그리고 하나님의 영광을 목적으로 삼는다는 것을 지적합니다. 바빙크에 따르면, "인간은 타락 후에 여전히 인간으로 머무르고 하나님의 일반은총의 복을 계속 누리기 때문에, 내적으로 많은 미덕들을 소유할 수 있고 외부로 많은 행위들을 할 수 있"습니다. 물론 이 행위들이 하나님 보시기에 좋고 하나님의 거룩한 율법의 완전하고 영적인 의미에 부합하는 것은 아닙니다. 최상의 의미에서의 선은 단지 하나님을 알고 사랑하며 이 사랑에 이끌려 하나님의 율법을 지키는 자를 통해서만, 즉 참으로 "믿음이 있는 자"에 의해서 성취될 수 있기 때문입니다. 하지만 그럼에도 불구하고 이러한 행위들을 할 수 있는 것은 인간적 관점에서는 높게 평가되고 이 땅의 삶에서 큰 가치를 지니는 것입니다. 이처럼 바빙크는 일반은총이 주는 복을 무시하지 않으면서도, 믿음의 중요성을 강조합니다.

교회와 국가의 관계를 다루는 『개혁교의학』 4권에서 바빙크는 일반은총과 특별은총을 함께 강조합니다. 그에 따르면, 인간의 타락 이후에 악을 제어하는 은혜는 일반은총과 특별은총의 두 가지 형태로 분배됩니다. 이 두 은혜는 능력의 왕국(*regnum potentiae*)과 은혜의 왕국(*regnum gratiae*)의 왕인 그리스도 안에서 통일성(*eenheid*)을 이룹니다. 바빙크는 계속해서 아래와 같이 주장합니다.

> 이 두 은혜는 죄에 대항하고, 이 두 은혜는 창조와 재창조를 서로 연관시켜 그 관계를 보존한다. 세상은 타락 후에 자기 자신에게 맡겨지거나 모든 은혜를 상실한 것이 아니라, 일반은총을 통해 그리스도 안에 있는 특별은총을 위해 지지되고 보존되었

으며 인도되고 보존되었다. 그러므로 분리와 억압이란 허용될
수 없고 불가능하다. 사람과 그리스도인은 따로 분리된 두 존
재가 아니다. 창조는 재창조 가운데 통합되어 회복된다. 거듭
난 사람은 실질적으로 중생하기 전과 다른 사람이 아니다. ...
그러므로 교회와 국가 사이에 반드시 존재해야 할 관계는 일
차적으로 유기적, 도덕적, 정신적 속성 안에(*in de eerste plaats van*
organischen, zedelijken, geestelijken aard) 있다. 그리스도는 지금도
여전히 선지자, 제사장, 왕으로서 자신의 말씀과 성령을 통해
온 세상에 영향을 미친다.[128]

일반은총은 특별은총을 위해 주어진 것입니다. 바빙크가 교회
와 국가 사이의 관계에 대해 묘사할 때 사용한 "유기적 속성"(*organi-*
sche aard)이란 말은 특별은총과 일반은총의 관계를 묘사할 때에도
사용될 수 있습니다. 그리스도의 삼중직분적 사역이 성령을 통하
여 온 세상에 영향을 미치기에, 세상에는 일반은총과 특별은총
이 동시에 작용하는 장이 됩니다. 물론 특별은총을 받는 사람들
은 믿음의 사람들이지만 특별은총은 일반은총과 유기적 관련성
을 맺으면서 역사합니다. 특별은총을 받은 한 사람 혹은 여러 사
람들은 특별은총의 영역인 교회뿐 아니라 일반은총의 영역인 온

128)   Bavinck, *Gereformeerde Dogmatiek*, 4:418(#518); Bavinck, *Reformed Dogmatics*, 4:436-
37(#518); 바빙크, 『개혁교의학』, 4:513-14(#518).

국가와 사회 속에서 살아가며 소명을 감당합니다.

(5) 일반은총론이 배격하는 오류들

다섯째, 개혁파의 일반은총론은 펠라기우스주의, 보편구원론, 경건주의, 로마 가톨릭, 재세례파, 소키누스파, 루터파가 가진 오류와 약점을 극복하도록 도와줍니다.

바빙크의 『개혁교의학』 1권에 따르면, 한편으로 개혁신학자들은 일반은총에 대한 교리를 통하여 자연신학의 충분성을 가르친 '펠라기우스주의'의 오류를 벗어날 수 있었습니다. 다른 한편으로 개혁신학자들은 "이방 세계에도 현존하는 모든 진선미를 인정"할 수 있었습니다. "학문, 예술, 도덕적, 가정적, 사회적 생활이 일반은총에서 도출되었고, 감사함으로 인정"되었으며, 이러한 "일반은총의 효과는 일반적으로 도덕적이고 지성적인 생활, 사회적이고 국가적인 생활 가운데" 드러납니다. 바빙크는 계속해서 일반은총은 학문과 예술, 윤리와 법만 아니라, 종교에서도 식별된다고 말하면서, 칼뱅이 "종교의 씨앗"(*semen religionis*), "신성에 대한 감각"(*sensus divinitatis*)에 대해 말한 것을 지적합니다. 펠라기우스주의는 특별은총과 일반은총을 구분하지 못한 잘못의 결과로 특별은총을 일반화시키는 오류를 범했습니다.

『개혁교의학』 3권에서 바빙크는 일반은총론으로 '보편구원론'과 '경건주의'를 비판합니다. 바빙크는 보편구원론을 거절하면서 "그리스도의 공로가 교회에게 있어서도 그 경계가 있으며, 세상에게 있어서 그 가치와 의미를 지닌다는 사실"을 지적합니다. 이것은 보편구원론이 구원의 은혜를 보편적으로 확장시켜 버린 것에 대한 비판입니다. 그러면서 바빙크는 "그리스도는 그러한 분으로서 만물의 재창조자이지만, 만물의 창조주는 아니라는 사실이 고려되어야 한다."는 오해를 불러일으킬 수 있는 말을 합니다. 여기에서 바빙크가 말하고자 하는 것은 성자가 만물의 창조주가 아니라는 의미가 아닙니다. 그가 말하는 것은 "그러한 분"으로서 즉, "그리스도가 십자가의 구속의 공로를 가진 분"으로서 만물을 창조하신 것은 아니라는 의미입니다. 만일 그리스도가 구속의 공로 속에서 만물을 창조하셨다고 한다면 보편구원론이 맞을 것입니다. 하지만 사실은 그렇지 않습니다. 계속해서 바빙크의 말을 들어보겠습니다.

성자가 성부를 계승하듯이, 재창조는 창조를, 은혜는 자연을, 중생은 출생을 전제한다. 그러므로 택자들이 태어나 생활하며, 그들이 의식주와 온갖 자연의 유익들을 받는 것은 엄밀한 의미에서 그리스도의 공로에 포함되지 않는다. 물론 사람들은, 만일 하나님이 세상과 인류에 대한 다른 더 숭고한 의도를 지니지 않았더라면, 타락 후에 그것들을 더 이상 존속시키지 않았을 것이라고 말할 수 있다. **일반은총(gratia communis)은 과연 특별은총(gratia specialis)으로 인해 존재하며, 하나님은 택자들에게 그리스도 안에 있는 구원과 더불어 다른 많은 자연적인 복들도 주신다(마 6:33; 롬 8:28, 32; 딤전 4:8; 벧후 1:3).** 하지만 그럼에도 불구하고 헤른후트파와 경건주의자들과 더불어 자연과 은혜, 창조와 구속 사이의 경계선을 제거하고, 성부 대신에 그리스도를 우주의 보좌에 두는 것은 잘못된 것이다. 심지어 대상과 참여자들을 전제하는 각각의 선택과 은혜 언약은 그리스도로 말미암아 획득되지 않고, 그리스도의 공로에 선행한다. 성부는 자신의 창조로 재창조의 사역을 준비하고 그 사역으로 인도하며, 성자는 자신의 사역으로 죄가 미치는 범위까지 깊숙이 창조의 사역 속에 되돌아간다. 하지만 이 두 사역은 구별되고 혼합될 수 없다.[129]

바빙크는 한편으로 일반은총은 특별은총으로 인해 존재한다는 사실을 분명히 하지만, 창조, 자연, 출생, 의식주, 자연의 유익 등의 일반은총이 주어지는 이유를 그리스도의 공로에 두지 않습니다. 이 단락에서 바빙크가 명시적으로 말하고 있지는 않지만 앞에서 인용된 단락에 근거해서 보자면, 그러한 일반은총의 유익들은 "하나님의 보편적 선하심"(Gods algemeene goedheid)에서 기인합

---

129) Bavinck, *Gereformeerde Dogmatiek*, 3:467(#407); Bavinck, *Reformed Dogmatics*, 3:470(#407); 바빙크, 『개혁교의학』, 3:585(#407). 볼드체는 필자의 것이다.

니다. 만일 그 근거를 그리스도의 공로에 두게 되면 자연과 은혜 및 창조와 구속 사이의 경계선이 제거될 것입니다. 여기에서 약간의 주의 깊은 이해가 필요합니다. 바빙크는 일반은총의 근거를 그리스도의 공로가 아닌 하나님의 보편적 선하심에 두면서도, 일반은총이 특별은총과 밀접하게 연결된다는 것을 말하기 위해 성부, 성자, 성령의 공통사역을 강조합니다. 즉, 바빙크가 일반은총의 근거는 성부께 두지만, 역사 속에서 일반은총이 작용하는 방식은 삼위일체적으로 묘사한다는 점을 주의해야 합니다.

바빙크는 또한 '로마 가톨릭'이 구원하는 신앙을 하나님의 선물이라고 보지 않으려는 경향에 대해서 그 신앙이 일반은총의 열매가 아니라고 분명히 지적합니다. 바빙크는 은혜를 자연적 삶에 "덧붙여진" 무언가로 이해하는 로마 가톨릭적 생각을 완전히 거부합니다. 개혁파 전통처럼 바빙크는 일반은총이란 창조 질서를 유지하는 한편, (구원하는) 특별은총은 창조와 문화를 구속하며, 회복하며, 변혁시킨다고 주장합니다. 실제로 일부 학자들은 은혜가 자연을 새롭게 한다는 생각이 바빙크 신학의 중심 주제라고 주장하기도 했습니다.

또한 바빙크는 '재세례파' 전통을 분석하는데, 그가 보기에 재세례파 전통은 완전히 다른 세상에 속한 초자연적 은혜를 위하여 자연 자체를 거부하는 전통이었습니다. 또 다른 측면에서 '소키누스파'와 현대주의 전통은 초자연을 거부하며, 결국 자연과 문화를 거부합니다. 바빙크는 재세례파와 소키누스파의 전통 모두를 로마 가톨릭이 낳은 역사적 결과로 보았습니다. 로마 가톨릭이 자연과 은혜의 관계에 대해 근본적으로 불안정한 관점을 가지고 있었기 때문입니다.

그리고 바빙크는 칼뱅이 일반은총론으로 인해서 '루터파'의 이원론을 많이 극복했다고 주장합니다. 루터파는 신앙과 이성, 영적인 것과 세속적인 것, 천상의 것과 지상의 것, 영원한 것과 일시적인 것을 구분하고, 전자를 고등한 영역으로, 후자를 열등한 영역으로 보았습니다. 칼뱅의 일반은총론은 루터파의 이러한 이원론을 극복하게 해주었지만, 그럼에도 불구하고 바빙크는 칼뱅이 자연적 계시와 초자연적 계시의 이원론적 대립을 언제나 극복했던 것은 아니었다고 평가합니다.

(6) 바빙크의 일반은총론과 칼뱅의 영향

여섯째, 『개혁교의학』에 나타난 일반은총에 대한 바빙크의 진술 가운데 흥미로운 점은 그가 단지 『개혁교의학』 1권에서만 일반은총론과 관련하여 칼뱅을 인용하고 있다는 점입니다. 나머지 2, 3, 4권에서는 일반은총론과 관련하여 칼뱅이 전혀 인용되지 않습니다. 이런 점만 고려하면 바빙크의 일반은총론에 끼친 칼뱅의 영향이 아주 미미하다고 생각할 수도 있지만 사실은 전혀 그렇지 않습니다. 그가 일반은총론에 대해서 본격적으로 쓴 작품, 즉 그가 1894년 교장 이임특강으로 행한 『일반은총』과 1909년 「프린스턴 신학 리뷰」에 실린 "칼뱅과 일반은총"이라는 작품에는 칼뱅의 영향이 매우 강하게 드러납니다. 주목할 점은 바빙크의 『개혁교의학』 1권이 1895년에, 2권이 1897년에, 3권이 1898년에, 4권이 1901년에 나온 것을 감안하면, 『일반은총』과 "칼뱅과 일반은총"은 각각 『개혁교의학』 출간 이전과 완간 이후에 나왔다는 사실입니다. 그렇기에 『일반은총』과 "칼뱅과 일반은총"에 나타난 바빙크의 일반은총론을 비교해 봄으로써, 우리는 『개혁교의학』에 나타난 일반은총론과 어떤 차이가 있는지 관찰할 수 있으며, 동시에 칼뱅의 영향 또한 살펴볼 수 있습니다.

또한 바빙크는 카이퍼의 일반은총론과 거의 동일한 사상을 제시했지만 그것이 가진 약점을 극복했습니다. 카이퍼의 일반은총론이 특별은총론과 독립되어 단절되어 버렸다고 한다면, 바빙크의 일반은총론은 기독론적 성격과 종말론적 성격에서 그런 단점을 극복합니다. 이러한 극복에서 우리는 칼뱅의 영향을 관찰할 수 있습니다.

(7) 바빙크의 선견지명

일곱째, 오늘날 특별한 관심을 끄는 것은 바빙크의 분석에서 드러나는 선견지명입니다. 바빙크는 19세기 말에 문화와 신학을 분석해 20세기 및 21세기에 있을 발전을 예상했습니다. 바빙크는 낙관적인 신학적 자유주의의 몰락을 예상했는데, 이 예상은 제1차 세계대전 직후 변증적 신학자의 등장으로 정확히 실현되었습니다.

바빙크는 현대 세속 문화의 낙관적인 희망이 인간의 불행과 실패로 말미암아 줄어들 것이라고 말합니다. 과학과 기술이라는 합리적 신들은 인간의 필요에 답하지 못했습니다. 그 반응으로 바빙크는 많은 사람이 심령술, 신지학, 동양 종교, 미신 등으로 돌아설 것이라고 예견했는데, 이는 서양 사회에서 적중했습니다.

특히 자연에 대한 인간의 이중적 태도에 대하여 19세기 말에 했던 바빙크의 묘사는 신기하게도 20세기 말과 21세기를 앞당겨 보여줍니다. 한편으로 인간들은 자연을 훼손하고, 다른 한편으로 인간들은 자연을 미신적으로 숭배하며, 과학주의에 빠졌습니다.

4. 바빙크의 일반은총론의 적용

바빙크의 일반은총론은 다음과 같은 적용점을 줍니다.

첫째는 감사와 찬양입니다. 우리는 타락 이후에도 인간의 삶과 피조물을 보호하시는 하나님의 보편적인 선과 사랑에 감사해야 하고, 특별은총의 실행을 위하여 일반은총으로 예비하신 하나님의 지혜를 찬양해야 합니다. 우리는 과학과 학문, 예술과 정치, 가정과 공적 삶 모두의 기초가 일반은총임을 알고 이 영역에서 하나님의 선하심이 나타났을 때 감사해야 합니다.

둘째는 사명과 경계입니다. 일반은총이라는 선물은 하나님의 구속적 행위의 무대를 형성함과 동시에 구속의 대상이 무엇인지를 보여줍니다. 일반은총에 대한 감사는 우리의 사명에 대한 결의입니다. 일반은총적 측면에서 사회에서 불신자와 함께 활동할 수 있는 부분이 있음을 인정할 수 있지만, 신자는 삶의 여러 영역들에서 부족한 점을 성경적으로 개혁함으로써 하나님의 주권을 드높여야 합니다. 우리는 일반은총을 과대포장하여 자유주의 신학의 오류나 합리주의의 오류에 빠지지 않도록 주의해야 하며, 또한 일반은총을 무시하여 현실 도피가 기독교의 적절한 선택인 양 생각해서도 안 됩니다.

셋째, 정체성 점검입니다. 일반은총은 언제나 특별은총으로 완성될 때 그 진가가 드러나는 것이지, 그 자체로는 부족합니다. 신자는 만물에 대한 창조자의 궁극적인 주권과 그리스도의 구속의 맥락 속에서 이 세계와 문화에 대해 책임져야 합니다. 신자의 활동은 일반은총에 기초를 두지만 그 차원을 넘어서서 특별은총에 근거한 것이어야 합니다. 교회의 가르침도 마찬가지입니다. 불신자들이 들어도 충분히 이해가 되는 메시지를 교회에서 전한다면 그것은 일반은총의 영역에 머무는 교회가 되고 있다는 증거입니다. 신자의 삶도 마찬가지입니다. 불신자와 다른 점을 드러내야 하며, 무엇보다 우리는 종말론적 소망 속에서 살아가야 합니다. 그리스도 안에서 하나님의 구원하시는 은혜에 의해 모든 만물이 갱신될 것을 기다리면서 살아가야 합니다.

De Algemeene Genade

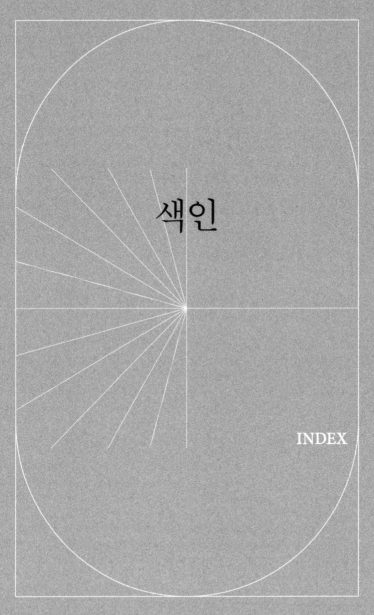

색인

INDEX

헤르만 바빙크의 일반은총

주제 색인

인명 색인 (성, 이름, 가나다 순)

성구 색인

구약

신약

01.

헤르만 바빙크의
기독교 세계관

혼돈의 시대를 살아가는
그리스도인을 위한 치유

헤르만 바빙크 지음 | 김경필 옮김 | 강영안 해설
15,000원 | 248쪽

바빙크는 온갖 사상이 범람하는 시대 상황에서 오
직 하나님께서 사유와 존재를 합치하도록 세상을
창조하셨으며, 그리스도의 십자가만이 죄로 인한
분열을 치유한다는 것을 말하는 기독교 세계관만
이 참된 세계관이라고 주장합니다. 본서를 통해서
독자들은 기독교 세계관이 이 시대를 향해 제공하
는 학문적 사상적 치유와 회복을 얻을 수 있을 것
입니다.

02.

헤르만 바빙크의
찬송의 제사

신앙고백과 성례에 대한 묵상

헤르만 바빙크 지음 | 박재은 옮김
14,000원 | 208쪽

신앙고백의 본질과 의미, 그리고 그 실천을 교회
언약 공동체의 은혜의 방편인 성례의 의미를 통해
때로는 날카롭고, 때로는 잔잔하게 그려내는 책입
니다. 갈수록 공적 신앙고백과 성례의 진중함과 깊
은 의미가 퇴색되어가고 형식적으로만 남는 이 시
대에 신앙고백과 세례, 입교, 유아세례, 그리고 성
찬의 의미를 다시 한번 굳건히 되새기는 기회가 될
것입니다.

03.

헤르만 바빙크의
설교론

설교는 어떻게 사람을 변화시키는가

헤르만 바빙크 지음 | 신호섭 옮김
15,000원 | 232쪽

바빙크의 유일한 설교문이 수록되어 있는 이 작품
은 역사상 가장 위대한 개혁 신학자 가운데 한 사
람이었던 바빙크 역시 설교자이자 목회자이었으
며, 설교가 얼마나 중대한 교회의 사역임을 잘 보
여주고 있습니다. 바빙크는 이 책에서 설교가 무엇
이며, 설교자는 어떤 사람이어야 하는지를 적실성
있게 설명합니다. 모든 설교자가 읽어야 할 필독서
입니다

04.

헤르만 바빙크의
교회를 위한 신학

거룩한 신학과 보편적 교회

헤르만 바빙크 지음 | 박태현 옮김
13,000원 | 184쪽

바빙크는 학문이 급속도로 세속화되어가는 시대
에 신학의 원리, 내용, 목적을 신본주의로 규정하
며 신학이 거룩한 학문임을 당당하게 선언합니다.
또한 시대와 장소를 초월한 교회와 기독교 신앙의
우주적 보편성을 설득력 있게 제시함으로 세계 종
교로서의 기독교와 기독교 신앙이 가진 공적 역할
에 대해 큰 울림을 줍니다.